중대재해처벌법

중대재해처벌법

지은이	이인헌, 김성재 外
	김곤묵, 김대원, 김성남, 류수민, 신성수, 지대형
발행일	2022년 12월 1일
펴낸이	박상욱
펴낸곳	도서출판 피서산장
등록번호	제 2022-000002 호
주소	대구시 중구 이천로 222-51
전화	070-7464-0798
팩스	0504-260-2787
메일	badakin@daum.net
출판기획	이향숙
북디자인	이신희
ISBN	979-11-92809-01-4 13530

* 이 책은 저작권법에 의해 보호를 받는 저작물이므로, 서면을 통한 출판권자의 허락 없이 내용의 전부 혹은 일부를 사용할 수 없습니다.

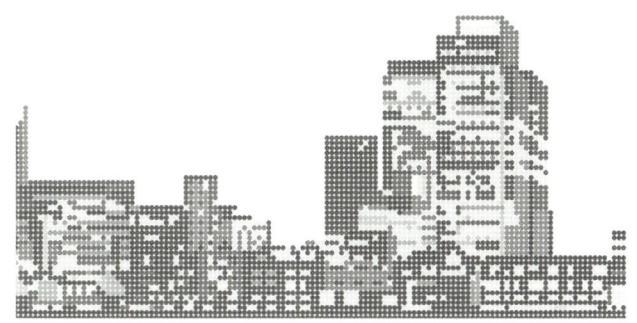

중대재해처벌법

중대재해처벌법 - 목차

chapter 1 중대재해처벌법 / 이인헌
1. 산업재해 발생 현장이 흔들고 가는 것들 / 10
2. 우리가 가져야 하는 안전에 대한 시각 / 13
3. 그럼에도 불구하고 산업재해는 발생한다 / 15
4. 중대재해처벌 등에 관한 법률을 논하기에 / 18
5. 중대재해처벌 등에 관한 법률 쉽게 접근하기 / 19
6. 안전은 법이 아닌 현장이 중심이 되어야 한다
    중대재해처벌 등에 관한 법률이 요구하는 것도 결국은 동일하다 / 36

chapter 2 중대재해처벌법 시행 후 건설업의 안전보건 / 김성재
중대재해처벌법과 위험성 평가 / 40
1. 안전보건에 관한 법의 시작 / 41
2. 안전보건관리의 세대 / 42
3. 건설업의 사망자 줄이기 대책 / 46
4. 외국의 안전보건경영 시스템과 위험성 평가 / 48
5. 위험성 평가의 중점 사항 / 60
6. 안전보건문화 / 68

중대재해처벌법 - 목차

chapter 3   기본에 기본을 더하다,
　　　　　　　건설공사 참여자가 알아야 할 가설공사 관련 법의 이해 / 김곤묵
　　Ⅰ. 가설 공사의 중요성 바로 알기 / 72
　　Ⅱ. 가설공사의 안전성확보는 관련법의 이해부터 시작 / 74
　　　　1. 근로자의 자격 요건 / 74
　　　　2. 가설기자재 품질관리 기준 / 75
　　　　3. 가설구조물 설계 기준 / 79
　　　　4. 가설구조물 시공 기준 / 86
　　　　5. 가설구조물 검토·확인 / 90
　　Ⅲ. 기본에 기본을 더하기 위한 제안 / 91

chapter 4   성공하는 기업들의 안전예방 솔루션 / 김대원
　　1. 중대재해 솔루션 / 94
　　2. 중대재해처벌법의 현재 상황 / 96
　　3. 기업의 노력 / 98
　　4. 구성원의 역할 / 104
　　5. 중대재해 예방, 사회적 공감대 형성 / 108

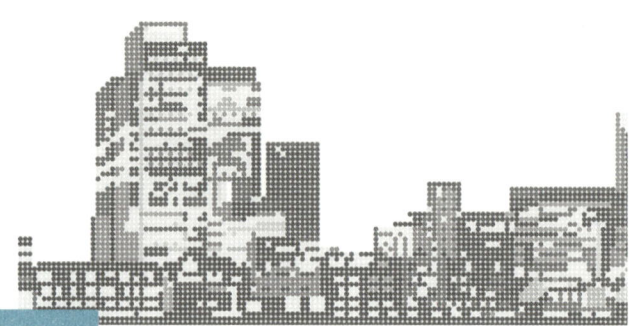

중대재해처벌법 - 목차

chapter 5   건설현장의 가설 흙막이 안전관리 / 김성남

     1. 건설공사 가설흙막이 현장 안전점검 사례 / 112

     2. 땅 꺼짐 현상 / 119

     3. 흙막이 벽체 및 지지 공법선정 / 123

     4. 차수공법 / 130

     5. 흙막이 중점 관리 방안 / 132

     6. 제언 / 133

chapter 6   안전의 꽃을 피우는 안전문화 구축 방안 / 류수민

     1. 안전의 꽃을 피우는 안전문화 구축 방안 / 136

     2. 경영진의 역할 / 139

     3. 관리자, 리더의 역할 / 154

     4. 근로자의 역할 / 164

중대재해처벌법 - 목차

chapter 7   PM(project management)안전관리 연계 방안 / 신성수
- Ⅰ. 중대재해처벌법 시행 배경 / 168
- Ⅱ. 중대재해처벌법 대상 및 주요 내용 / 173
- Ⅲ. 대응 방안 / 176
  - 1. 인프라 재해예방과 복원력 강화·제도와 사례 / 176
  - 2. 중대시민재해 / 179
- Ⅳ. PM(프로젝트 매니지먼트)-안전관리 연계 방안 / 182
- Ⅴ. 중대재해처벌법 쟁점 / 202

chapter 8   중대재해 / 지대형
- Ⅰ. 밑바닥 건설안전 이야기 / 208
- Ⅱ. 안전관리자의 눈으로 바라보는 중대재해처벌법 / 215
- Ⅲ. 대한민국 No.1호 안전 전문기자의 눈으로 바라부는 중대재해처벌법 / 225
- Ⅳ. 안전전문 강사의 눈으로 바라보는 중대재해처벌법 / 228

이 인 헌

<주요 학력>
경북대학교 법학부 졸업(경영학 복수전공)

<소속>
노무법인 예인 대표 공인노무사

<주요 경력>
삼성토탈(주) 근무
한국석유관리원 근무
산업안전보건강사 및 위험성 평가 전문가 자격 이수
한국마사회, 한국전력공사 대구경북본부 등 인사위원회 외부인사위원 및 자문노무사 위촉

<강의 활동>
KT, 한국도로교통공단, 대구시설관리공단, 한국광해광업공단, 산림조합 등 다수
공기업 및 공기관 산업안전보건법 및 중대재해처벌법, 산업재해보상보험법
삼성전자, 중흥그룹, 동부건설, 효성중공업, 진흥기업, HJ중공업, 삼부토건, 이테크건설, 한라, KR산업, CJ건설, 한솔, 동일토건 등 다수 기업 산업안전보건법 및 중대재해처벌법, 산업재해보상보험법 강의

<자문 및 사건수행>
KT, 한국도로공사, 한전KPS, 현대건설, CJ올리브영, 소니코리아, 신세계인터내셔널 등 다수 기업 산업안전보건법 및 중대재해처벌법, 산업재해보상보험법 법률 자문

중대재해처벌법

Chapter 1

중대재해처벌법

이 인 헌

1. 산업재해 발생 현장이 흔들고 가는 것들
2. 우리가 가져야 하는 안전에 대한 시각
3. 그럼에도 불구하고 산업재해는 발생한다
4. 중대재해처벌 등에 관한 법률을 논하기에
5. 중대재해처벌 등에 관한 법률 쉽게 접근하기
6. 안전은 법이 아닌 현장이 중심이 되어야 한다
   중대재해처벌 등에 관한 법률이 요구하는 것도 결국은 동일하다

1. 산업재해 발생 현장이 흔들고 가는 것들

"아빠가 오늘 퇴근하는 길에 우리 공주님이 갖고 싶어 하는 겨울왕국 엘사 털 슬리퍼 사올게. 우리 공주님이 제일 좋아하는 핑크색으로…"

그렇게 약속하고 여느 때와 같이 출근한 30대 A씨는 그날 그렇게 사랑하는 딸과 아내를 뒤로하고 세상을 떠났다. 겨울이 다가오는 어느 날이었다.

A씨는 경기도에 소재한 무역회사에 근무하는 직원이었다. 그 회사는 중고의류와 가방 등을 도매로 구입해서 해외에 수출하는 사업을 수행하고 있었다. 도매로 쌓인 의류는 회사에서 자체적으로 개발하여 설치한 핸들러로 의류를 집어서 압축기에 넣는 업무를 수행하고 있었다. 그날은 그동안의 성실함을 인정받아 과장으로 진급한 첫날이었고, 퇴근 무렵 압축기 작동이 잘 되지 않는다는 동료 직원의 얘기를 듣고, 굳이 본인이 하지 않아도 되는 일임에도 기분 좋게 일을 도와주고자 압축기 상태를 보기 위하여 압축기 쪽으로 몸을 기울여 살펴보았다. 그순간 압축기가 작동되어 순식간에 사고가 난 것이다.

사고 이후 남은 사람들의 인생은 하루아침에 모든 것이 변했다. 다행히 A씨 가족은 업무상 재해를 인정받아 산재 유족연금으로 기본적인 생활은 가능했다. 그러나 A씨 아내는 유족연금이 가족의 미래를 책임져 줄 수는 없다고 생각했기에 친정 부모님이 계시는 시골로 이사를 갔고, 취업을 위해 이력서를 넣었으며, 아이는 어느 날부터 갑자기 보이지 않는 아빠가 어디에 갔을지 궁금해하고 아빠를 보고 싶어 한다고 했다.

산업재해가 흔든 것은 단순히 한 사람의 생명이 아니라 그 사람이 보살피던 가족 전체의 삶이었던 것이다. 산업재해는 단순히 재해자의 가족만 흔드는 것이 아니다. 그 반대의 경우도 동시에 일어났다.

B씨는 건설회사 현장소장으로 근무하던 사람이다. 평생을 아침형 인간으로 살며 현장에 함께하고, 주경야독으로 공부하여 기술사 자격을 취득했다. 큰 건설회사의 정규직 직원은 아니었지만, 순전히 본인의 실력으로 작은 회사에 프로젝트 계약직 현장소장으로 일자리를 구할 수 있었다. 비록 B씨의 업무 특성상 가족들과 떨어져서 현장에서 숙소 생활을 하고, 2주에 한 번 가족들이 있는 고향으로 갈 수 있었지만, 그렇게 B씨는 자녀들을 대학에 보내고, 평범한 행복을 가족들에게 보장하는 책임감 있는 가장이었다.

B씨의 인생을 뒤바꾼 그날은 눈이 오던 겨울 토요일 아침이었다.

쉬는 주말을 맞이하여 고향 집에 온 B씨는 가족들과 외식을 하기 위해서 샤워를 하러 들어갔다. 그 순간 현장에서 여러 건의 부재중 전화가 왔고, B씨는 좋지 않은 예감으로 현장에 전화를 했고, 수화기 넘어 딱 한마디를 들었다. "일 났습니다. 사고 났습니다."

B씨는 꿈을 꾸는 것 같았다. 가족과의 약속을 취소하고 현장에 올라가고, 현장과 연락을 하고, 현장 앞에 늘어선 기자들과 언론사 차량을 보면서 그것이 현실임을 알았다. B씨가 총괄하는 현장에서 타워크레인이 붕괴되어 3명의 사망자와 여러 명의 부상자가 발생한 것이다.

B씨는 마음을 추스를 겨를도 없이 사고 수습을 위해 밤·낮 없이 조사를 받고, 서류를 준비하고, 사고 수습을 위한 보고 문서를 작성해야 했다. B씨는 와이프에게 "한동안 집에 갈 수 없을 것 같다. 혹시 내가 구속될지도 모른다. 아이들 놀라지 않게 잘 얘기하라."고 얘기했다. B씨는 차마 아이들에게 TV 뉴스에 시끄럽게 나오는 사고 현장이 아빠 자신의 현장임을 얘기할 수는 없었다.

B씨가 소속된 회사는 중견 건설회사였는데, 이 사고로 인하여 상당한 이미지 타격과 경제적 손실 발생, 공사 중단 등으로 회사의 존립이 위태로워졌고, 법정관리에 들어가게 되었다. B씨는 사고 이후 급여를 제대로 받을 수조차 없었다. 함께 일하던 직원들이 하나, 둘씩 퇴사를 했다. 그러나 현장소장이었던 B씨는 회사를 그만둘 수 없었다. 현장 공사는 진행되지 않았지만 오히려 더 쉴 틈 없이 사고 수습을 위하여 내부·외부로 시달려야 했고, 비난을 받아야 했다. 월급도 들어오지 않았고, B씨 와이프는 상황을 물어보지도 못한 채 B씨의 눈치만 바라봤다고 했다. 정작 가족들을 지키기 위해서 일을 했을 뿐인데, B씨와 그의 가족들의 일상은 무너지게 되었다. 그러나 그 어디에도 하소연하거나 위로를 바랄 수 없었다.

내가 공인노무사로서 회사를 자문하고, 산업재해가 발생한 현장에서 사고 수습을 함께 지원·자문하면서 본 산업재해의 피해자는 단순히 재해자 자신이 아니었다. 산업재해는 재해자의 가족을 흔들고, 재해가 발생한 사업장을 흔들고, 그 사고를 수습하는 사업장의 구성원을 넘어서서 그의 가족들까지 뒤흔드는 것이었다.

산업재해 발생 현장은 그러했다. 사고에 대한 안타까움과 더불어 남은 자들이 앞으로 유사한 재해가 재발하지 않도록 해나가야 하는 것들이 있고, 누군가는 그 일을 해야 하는 책임이 있었다. 그런데 그 과정에 이른바 남은 자들은 후회와 자책, 사회적 비난을 안고 그 힘든 시간을 겪어야 했다. 때로는 그의 가족들까지 그 고통 속에 함께 무너지기도 했다. 이른바 남은 자들의 상당수는 무지와 안일함에 대한 책임은 있을지언정, 누군가를 고의로 위험에 빠뜨려 해를 끼치고자 함은 아니었음에도 불구하고 말이다.

그래서 나는 안전보건에 대한 전문 기술과 지식을 가진 전문가는 아니지만, 산업안전보건법과 노동법에 대한 약간의 전문 지식을 가진 일반인의 시각에서 그러한 안타까운 일이 발생하지 않도록 작은 힘이나마 보태고 싶다는 생각을 하게 되었다.

2. 우리가 가져야 하는 안전에 대한 시각

산업재해를 예방하기 위해서 어떻게 하면 좋을까 생각을 해본 적 있다. 나는 안전보건에 대한 지식이 미미한 것과는 별개로 사람과 생명에 대한 애정만으로 대책 없이 가진 물음이었다. 생각보다 심도 있게 고민했던 것 같다.

그러던 어느 날이었다. 신나게 수다를 떨고 해맑게 웃는 딸아이의 앞니가 부러진 것을 보았다. 언제, 어디에서 그렇게 된 것인지 묻는 나에게 딸아이는 처음에는 "아무 일도 아니야."라고 대답했다. 그런데 이내 나의 재촉에 마지못해 "킥보드를 타다가 넘어졌다."고 기어가는 목소리로 답을 했고, 나는 "거 봐라!"라는 탄식 섞인 잔소리로 화답했다.

당시 8세 딸아이는 킥보드 경력 3년 차가 되자 킥보드를 타는 것에 자신감이 생겨 아주 쉽고 편하게 탈 수 있다고 자랑을 했다. 딸아이가 말하는 '쉽고 편한 자세'는 '킥보드 손잡이 위에 턱을 올리고 타는 자세'였다. 그런데 그런 자세로 타다 보니 오히려 작은 돌부리나 턱에도 휘청이거나 넘어지는 일이 발생하기 십상이었다. 그때 나는 딸아이에게 "그거 불량 자세야. 손잡이는 두 손으로 꼭 잡고 바른 자세로 앞을 보면서 똑바로 타라. 그러지 않으면 언젠가 너 크게 다친다."라는 말을 했다. 딸아이는 나의 충고를 듣지 않고 이른바 불량 자세로 킥보드를 타다가 돌부리에 걸려 넘어지면서 운이 나쁘게도 앞니가 부러진 것이다.

이제 우리의 산업재해 현장으로 가보자.

안전사고가 발생한 현장에서 우리가 목격자들로부터 꽤 자주 듣는 두 가지 말이 있다. 첫째는 "사고 순간 참 운이 나빴다."는 이야기이고, 둘째는 "오히려 지금까지는 운이 좋았다."는 이야기이다. 그 말은 평소에도 산업재해 발생의 위험이 있는 작업환경이나 작업행동 등이 평상시에도 있었음을 반증하는 말이다. 나는 산업재해 현장에서 목격자들이 그렇게 두 가지의 상반된 얘기를 옥신각신하면서 산업재해의 안타까움을 얘기하는 것을 여러 번 본 적 있다. 그 누구의 말에도 수긍할 수 없는 그 두 가지 말은 사실은 모두 정답인 것이기 때문이다.

「하인리히의 재해예방의 4가지 원칙」 중 하나가 바로 이 점을 얘기하고 있다. 바로 '손실 우연의 원칙'이다. 사고의 결과로 손실이 발생할지 여부와 그 손실의 크기는 당시의 상황에 따라 우연히 정해지는 것이다. 우리는 이것은 '운'이라고 표현하게 되는 것이다.

이 말은 우리가 안전한 상태에서 작업을 수행하지 않게 되면, 우리의 생명을 '운(또는 우연)'에 맡겨두고 작업을 하는 것과 같은 것이다.

<하인리히의 재해예방의 4가지 원칙>

1. 원인연계의 원칙 : 사고에는 반드시 원인이 있고, 원인은 대부분 복합적 연계원인이다.
2. 예방가능의 원칙 : 천재지변을 제외한 모든 인재는 예방할 수 있다.
3. 손실우연의 원칙 : 사고의 결과로서 손실의 유무 또는 대소는 사고 당시의 조건에 따라 우연히 발생한다.
4. 대책선정의 원칙 : 사고의 원인이나 불안전 요소가 발견되면 반드시 대책을 수립하여야 한다. 대책은 3E로 교육적(Education), 기술적(Engineering), 관리적(Enforcement) 부분으로 나누어 수립할 수 있다.

과연 세상에 그 누가 이러한 사실을 알고서도 나의 생명을 '운(또는 우연)'에 맡길 수 있을까?

사업장을 운영하는 대표자와 안전을 담당하는 사람, 작업을 수행하는 사람 모두 이러한 시각에서 작업환경과 작업행동을 바라보길 바란다. 우리 사업장에서 수행하는 작업 중에 혹시나 누군가의 생명을 '운(또는 우연)'에 맡기고 있는 것은 없는지 말이다.

3. 그럼에도 불구하고 산업재해는 발생한다.

1) 천재지변

「하인리히의 재해예방의 4가지 원칙」에 따라 재해를 예방하기 위해서 노력하더라도 100% 재해를 예방하기에는 한계는 있다. 바로 '예방 가능의 원칙'에서 예방 가능의 예외로 삼고 있는 '천재지변' 그 대표적인 예이다.

현실은 이러한 상황에서도 우리 사회와 법은 사업주가 과연 사업장에서 취하여야 할 안전보건조치의무를 취했는지 여부를 엄격하게 살펴본다는 것이다.

몇 년 전 경상북도 포항과 경주지역에 여러 차례 지진이 발생한 적이 있다. 노후화된 주택 건물은 물론 시공 중인 건축물에도 크랙(외부 충격 등으로 건축물 표면에 발생하는 균열 또는 갈라짐 현상)이 발생하여, 당시 시공 중인 현장에서는 이러한 문제를 해결하기 위해서 꽤 애를 먹기도 했다는 이야기를 들은 적 있다.

그 무렵 도심에 시공 중인 아파트 건설현장에서 발생한 일이다. 당시 건설현장 바로 옆에 있던 2층 주택건물이 지진으로 인해 크랙이 생겼고, 시(市)에서는 '거주 불가 및 붕괴 위험'경고를 했다. 문제는 바람이 강하게 불던 순간 이 2층 주택건물의 벽체에서 떨어져 나간 돌이 옆에 있던 건설현장 안에서 지나가던 작업자의 머리로 떨어졌고, 안전모 턱끈을 조이지 않고 지나가던 작업자가 그 돌에 맞아 사망한 것이다.

'천재지변'과 유사한 이 재해에 대하여, 당시 현장소장은 '안전모 미착용, 좀 더 정확히 얘기하면 '안전모 턱근을 조이는 등 올바른 착용법을 지시하지 아니함'에 대한 사업주 안전조치의무 위반으로 「산업안전보건법」 위반이 문제가 되었다.

산업안전보건법 제38조(안전조치) ① 사업주는 다음 각 호의 어느 하나에 해당하는 위험으로 인한 산업재해를 예방하기 위하여 필요한 조치를 하여야 한다.
1. 기계·기구, 그 밖의 설비에 의한 위험
2. 폭발성, 발화성 및 인화성 물질 등에 의한 위험
3. 전기, 열, 그 밖의 에너지에 의한 위험
　② 사업주는 굴착, 채석, 하역, 벌목, 운송, 조작, 운반, 해체, 중량물 취급, 그 밖의 작업을 할 때 불량한 작업방법 등에 의한 위험으로 인한 산업재해를 예방하기 위하여 필요한 조치를 하여야 한다.
　③ 사업주는 근로자가 다음 각 호의 어느 하나에 해당하는 장소에서 작업을 할 때 발생할 수 있는 산업재해를 예방하기 위하여 필요한 조치를 하여야 한다.
1. 근로자가 추락할 위험이 있는 장소
2. 토사·구축물 등이 붕괴할 우려가 있는 장소
3. 물체가 떨어지거나 날아올 위험이 있는 장소
4. 천재지변으로 인한 위험이 발생할 우려가 있는 장소
　④ 사업주가 제1항부터 제3항까지의 규정에 따라 하여야 하는 조치(이하 "안전조치"라 한다)에 관한 구체적인 사항은 고용노동부령으로 정한다.

산업안전보건기준에 관한 규칙 제32조(보호구의 지급 등) ① 사업주는 다음 각 호의 어느 하나에 해당하는 작업을 하는 근로자에 대해서는 다음 각 호의 구분에 따라 그 작업조건에 맞는 보호구를 작업하는 근로자 수 이상으로 지급하고 착용하도록 하여야 한다.
1. 물체가 떨어지거나 날아올 위험 또는 근로자가 추락할 위험이 있는 작업: 안전모
2. 높이 또는 깊이 2미터 이상의 추락할 위험이 있는 장소에서 하는 작업: 안전대(安全帶)
3. 물체의 낙하·충격, 물체에의 끼임, 감전 또는 정전기의 대전(帶電)에 의한 위험이 있는 작업: 안전화
4. 물체가 흩날릴 위험이 있는 작업: 보안경
5. 용접 시 불꽃이나 물체가 흩날릴 위험이 있는 작업: 보안면
6. 감전의 위험이 있는 작업: 절연용 보호구
7. 고열에 의한 화상 등의 위험이 있는 작업: 방열복
8. 선창 등에서 분진(粉塵)이 심하게 발생하는 하역작업: 방진마스크
9. 섭씨 영하 18도 이하 급냉동어창에서 하는 하역작업: 방한모·방한복·방한화·방한장갑
10. 물건을 운반하거나 수거·배달하기 위하여 「자동차관리법」 제3조제1항제5호에 따른 이륜자동차(이하 "이륜자동차"라 한다)를 운행하는 작업: 「도로교통법 시행규칙」 제32조제1

항 각 호의 기준에 적합한 승차용 안전모
② 사업주로부터 제1항에 따른 보호구를 받거나 착용 지시를 받은 근로자는 그 보호구를 착용하여야 한다.

「산업안전보건법」 제38조는 사업주가 작업의 위험 또는 위험이 있는 장소에서 작업을 수행할 때에 발생할 수 있는 산업재해를 예방하기 위하여 취하여야 하는 안전조치의무를 명시하고 있다. 그리고 안전조치의무의 구체적인 사항은 「산업안전보건기준에 관한 규칙」에 명시하고 있다. 당시 해당 현장소장은 「산업안전보건법」 제38조 제3항에 따라 '물체가 떨어지거나 날아올 위험이 있는 장소'에서 사업주가 취하여야 할 안전조치의무 중에서 「산업안전보건기준에 관한 규칙」 제32조 제1항 제1호에 따른 '안전모의 올바른 착용에 대한 지시'를 충분히 취하지 아니하였다고 판단한 것이다.

2) 작업자의 돌발행동

사업주가 산업재해 예방을 위하여 충분한 노력을 기울이더라도 산업현장에서 발생할 수 있는 두 번째 재해 유형은 바로 '작업자의 안전보건수칙을 위반한 돌발행동'이다.

준공을 앞둔 아파트 건설현장에서 발생한 사례이다. 현장 관리감독자는 작업장을 정리 정돈 하기 위하여 현장에 투입된 일용직 작업자 1명이 사라진 것을 보고받고 사라진 작업자를 찾으러 다녔다고 한다. 그런데 사라진 작업자가 발견된 것은 결코 해당 작업자가 들어갈 이유가 없는 아파트 건물 지하층의 점검구(건축물 내 배관이나 배선 등을 점검하기 위해 천장, 벽, 바닥 등에 설치된 개구부. 보통은 작은 뚜껑이나 문이 달려 있어 평소의 출입을 통제하고 있음)였다. 재해자는 점검구 안의 개구부 아래에 떨어져 있었던 것이다. 그리고 재해자 옆에는 따끈따끈한 대변이 함께 있었다. 재해자는 아마 작업 중에 화장실까지 가기가 귀찮다는 생각에 임의로 출입이 통제된 점검구 문을 열고 몰래 볼일을 보던 중에 발을 헛디뎌서 떨어진 것으로 추정되는 상황이다. 이른바 '작업자의 안전보건수칙을 위반한 돌발행동'이다.

당시 해당 현장의 현장소장은 '작업자의 추락사고를 예방하기 위한 안전대를 미지급하고 착용토록 하지 아니한 것'에 대한 사업주 안전조치의무 위반으로 「산업안전보건법」 위반이 문제가 되었다.

4. 중대재해처벌 등에 관한 법률을 논하기에
(※ 본 책은 중대재해처벌 등에 관한 법률 중 중대산업재해를 중심으로 기술하고 있습니다.)

위에 언급한 두 가지 사례는 어쩌면 사업주가 산업재해를 예방하기 위하여 취할 수 있는 안전보건조치의무를 충분히 이행하였음에도 불구하고 재해를 예방할 수 없었을 만한 특별한 사정이 있었던 경우에 해당한다.

그러나 그러한 상황에서도 각각 사업주의 안전보건조치의무 미이행에 대하여 문제가 되었음을 유추해 보면, 현재 우리 사회가 사업장에서 발생하는 산업재해에 대하여 '사업주에게 요구하는 안전보건조치의무의 책임 범위는 생각 이상으로 광범위하고, 어쩌면 사실상 무과실에 가깝다.'고 볼 수 있을 것이다. 그리고 더 나아가서 2022. 1. 17. 「중대재해처벌 등에 관한 법률」이 시행되면서 사업주의 안전보건조치 확보의무는 더욱 강화되었다. 그리고 그 책임을 다하지 아니한 경우, 그 책임의 범위는 전체 영역(민사적·형사적·행정적 부분)에 걸쳐서 무겁게 다가올 것이다.

이러한 시대적 상황에 잘 적응하기 위해서 사업장에 있는 우리 모두는 안전과 보건에 더욱 민감하고 예민한 감각을 지녀야 한다. 이 책은 사업장의 안전보건조치의무에 대한 직접적인 책임을 지닌 사업주나 또는 그로부터 안전과 보건에 대한 지도와 조언을 수행하는 안전·보건관리자, 현업에서 구체적으로 작업자의 업무를 지휘·감독하는 관리감독자 등 업무관계자가 좀 더 쉽게 관련 법령을 이해하고, 현실적으로 취할 수 있을 관리방안을 예시적으로 제시하고자 함에 목적이 있다. 그리고 현실적으로 100% 해답이 될 수 있는 관리방안은 있을 수 없다는 전제하에, 내가 겪은 사례를 바탕으로 가능하면 재해예방에 효과적인 대안이 될 수 있을 것이라고 생각한 쟁점들 위주로 방안을 제시하고자 한다.

5. 중대재해처벌 등에 관한 법률 쉽게 접근하기

중대재해처벌 등에 관한 법률은 총 16개의 조항으로 구성되어 있고, 이 중 중대산업재해는 처벌조항을 포함하여 총 6개의 조항으로 구성되어 있다. 이 중 사업주의 또는 경영책임자의 안전보건확보의무는 제4조 직접 종사자에 대한 의무와 제5조 제3자의 종사자에 대한 의무로 규정되어 있으며, 제5조 제3자의 종사자에 대한 의무 역시 제4조를 준용하고 있는바, 실제 사업주 또는 경영책임자의 안전보건확보의무는 제4조가 전부라고 봐도 과언이 아니다.

그리고 제4조는 실질적으로 지배·운영·관리하는 사업장 내 종사자에 대하여 총 4개(법률 제4조 제1항 제1호 내지 제4호)의 의무를 규정하고 세부사항은 다시 대통령령에 위임하고 있고, 대통령령은 이 중 제1호와 제4호에 대하여 각각 9개(시행령 제4조 제1호 내지 제9호)와 4개 (시행령 제5조 제2항 제1호 내지 제4호)의 세부적인 이행의무를 구체적으로 명시하고 있다.

법률과 시행령의 각각의 의무사항을 순차적으로 나열하면 총 15개의 의무사항을 아래와 같이 정리할 수 있다.

<중대재해처벌 등에 관한 법률 상 안전보건확보의무 요약>

순번	법 및 시행령 주요 내용	반기 1회 점검 대상
	[법률 제1호] 재해예방에 필요한 인력 및 예산 등 안전보건관리체계의 구축 및 그 이행에 관한 조치	
1	사업 또는 사업장의 안전·보건에 관한 목표와 경영방침 설정	
2	안전·보건에 관한 업무를 총괄·관리하는 전담 조직 (상시 근로자 수 500인 이상 또는 건설업의 경우 시공능력 순위 상위 200위 이내)	
3	유해·위험 요인 확인 및 개선절차를 마련 - 위험성 평가 절차 마련 및 실시와 보고로 대체 가능	○
4	필요한 예산편성 및 집행 - 필요인력 등 구비하고 유해위험 요인 개선 등 활용	
5	안전보건관리책임자, 관리감독자, 안전보건총괄책임자 필요 예산지원, 평가 및 관리	○
6	산업안전보건법 기준 이상의 안전·보건관리자 및 관리담당자, 산업보건의 배치 및 업무수행시간 보장	
7	종사자의 의견청취 및 조치, 협의체 운영	○
8	긴급상황 대응 매뉴얼 마련	○
9	도급, 용역, 위탁업체 평가 기준 마련, 공사기간 적절 검토, 평가	○
10	[법률 제2호] 재해 발생 시 재발 방지 대책의 수립 및 그 이행에 관한 조치	
11	[법률 제3호] 중앙행정기관·지방자치단체가 관계 법령에 따라 개선, 시정 등을 명한 사항의 이행에 관한 조치	
	[법률 제4호] 안전·보건 관계 법령에 따른 의무이행에 필요한 관리상의 조치	
12	법령의무 이행 여부 등 점검 및 점검 보고	○
13	미이행 사항에 대한 필요 조치 강구 (인력 및 예산 확보 등)	
14	유해위험 작업 등 법정의무교육 실시상태 점검 및 점검 보고	○
15	미이행 사항에 대한 필요 조치 강구 (이행지시 및 예산 확보 등)	

그런데 현실에서는 많지 않은 규정에도 불구하고 많은 사업장들이 이 규정을 어떻게 사업장에 적용하고 정착시킬 수 있을지 대안이 잘 떠오르지 않는다는 점

이다. 실제 나도 관련 질문을 많이 받았고 고민을 해본 끝에 이 법을 바라보는 시각을 정리해 보았다.

1) 중대재해처벌 등에 관한 법률의 의무이행은 안전의 끝이 아니라 시작이다!

많은 기업들이 중대재해처벌 등에 관한 법률이 시행되기 전·후에 안전보건전문업체 및 법률전문가들을 통한 기업컨설팅을 받아야 할 것인가에 관해 진지하게 고민해 보았을 것이라 생각한다. 분명 체계적인 안전보건관리시스템을 구축하는 데에 큰 도움이 될 것이라고 본다. 그런데 컨설팅을 통한 시스템 구축은 법률 의무이행의 시작에 불과하고, 실제 의무이행의 완성은 그 체계를 통하여 기업들이 얼마만큼 실질적으로 활용하고 관리하고 있느냐가 관건이라는 것이다.

예컨대 이 법률에서 명시하고 있는 사업주 또는 경영책임자의 책임은 '현업 안전보건조치 관리시스템을 만들라'는 것 자체가 아니고, 그것을 수단으로 하여(안전보건조치 관리시스템은 수단일뿐 필수가 아니라는 의미임) 이 법률이 정하고 있는 확보의무를 현업에서 제대로 이행하였냐 여부에 달려있다는 것이다. 그리고 그 확보의무가 현업에서 제대로 이행되고 있는지 여부는 사업주 또는 경영책임자가 직접 수행할 것이 아니라 현업에서 실무를 수행할 인력(안전보건관리책임자, 안전·보건관리자, 관리감독자 등)의 역할임을 이 법에서도 명확히 명시하고 있다. 그렇기에 이 법률에서는 실무를 수행할 인력(안전보건관리책임자, 안전·보건관리자, 관리감독자 등)을 제대로 활용하고 지원하도록 사업주 또는 경영책임자의 책임을 명시하고 있다. 또한 사업주 또는 경영책임자가 실질적으로 지배·관리하는 업무를 제3자에게 도급·위탁·용역을 주어 수행하는 경우에는 그들이 관리하는 종사자에 대한 안전보건조치의무의 1차적 책임이 그 제3자에게 있음을 명확히 명시하고, 그러한 책임을 제대로 수행할 능력이 되는 제3자를 선정하고 지원할 책임을 명시하고 있는 것이다.

이를 바탕으로 상기 15개의 확보의무 사항은 크게 4가지 유형으로 분류할 수 있다.

① (본사) 매뉴얼 및 ②-④ 관리방침 수립 및 운영

② (현업) 안전보건 조치의무 이행상태의 보완 필요사항 점검

③ (현업) ② 보완 필요사항에 대한 적절한 조치

④ (인력) ①-③ 실무를 수행할 인력구성, 평가, 지원 (안전보건관리책임자, 안전·보건관리자, 관리감독자, 기타 제3자 협력업체 평가 등)

구분	유형	확보의무 사항 분류
①	(본사) 매뉴얼 및 방침 수립 및 운영	1. 사업 또는 사업장의 안전·보건에 관한 목표와 경영방침 설정 3-1. 유해·위험 요인 확인 및 개선절차 마련 - 위험성 평가 절차 마련으로 대체 가능 4. 필요한 예산편성 및 집행 - 필요인력 등 구비하고 유해위험 요인 개선 등 활용 5-1. 안전보건관리책임자, 관리감독자, 안전보건총괄책임자 평가 기준 마련 8. 긴급상황 대응 매뉴얼 마련 및 반기 점검 9-1. 도급, 용역, 위탁업체 평가 기준 마련 10. 재해 발생 시 재발 방지 대책의 수립 및 그 이행에 관한 조치
②	(현업) 안전보건 조치 의무 이행상태의 보완 필요사항 점검	2. 유해·위험 요인 확인 반기 실시 점검 - 위험성 평가 실시 보고 7-1. 종사자의 의견청취 및 조치, 협의체 운영 반기 점검 12. 법령의무 이행 여부 등 점검 및 점검 보고 14. 유해위험 작업 등 법정의무교육 실시상태 점검 및 점검 보고
③	(현업) 보완 필요사항에 대한 적절한 조치	3-3. 유해·위험 요인 확인 실시 반기 점검에 따른 필요 조치 - 위험성 평가 결과 보고에 따른 필요 조치 대체 가능 7-2. 종사자의 의견청취 및 조치, 협의체 운영 반기 점검에 따른 필요 조치 11. 중앙행정기관·지방자치단체가 관계 법령에 따라 개선, 시정 등을 명한 사항의 이행에 관한 조치

③	(현업) 보완 필요사항에 대한 적절한 조치	13. 12 법령의무 이행 여부 등 점검 보고 결과 미이행 사항에 대한 필요 조치 강구 (인력 및 예산 확보 등) 15. 14 유해위험 작업 등 법정의무교육 실시 상태 점검 보고 결과 미이행 사항에 대한 필요 조치 강구 (이행지시 및 예산 확보 등)
④	(인력) ①-③ 실무를 수행할 인력 구성, 평가, 지원	2. 안전·보건에 관한 업무를 총괄·관리하는 전담 조직 (상시 근로자 수 500인 이상 또는 건설업의 경우 시공능력 순위 상위 200위 이내) 5-2. 안전보건관리책임자, 관리감독자, 안전보건총괄책임자 필요 예산 지원, 반기 평가 및 관리 6. 산업안전보건법 기준 이상의 안전·보건관리자 및 관리담당자, 산업보건의 배치 및 업무수행 시간 보장 9-2. 도급, 용역, 위탁업체 평가, 공사기간 적절 검토, 반기 평가

부연 설명하면 4가지 분류 유형은 각각의 확보의무 조치가 지니고 있는 실질적 의미를 구분한 것인데, ①은 본사의 할 일로서 현업의 조치의무 이행상태 등을 점검할 수 있는 매뉴얼 및 방침을 수립하고 운영하는 것이고, ②와 ③은 현업의 할 일로서 안전보건 조치의무를 제대로 이행하고 있는지 여부를 정기적으로 점검하고 적절한 조치를 취하는 것이고, ④는 본사와 현업의 역할을 수행할 적절한 인력(협력업체 포함)에 대한 평가와 지원 등 인력을 관리하는 등 필요인력에 관리에 관한 의미를 지니고 있다. 그리고 일부 확보의무 사항은 몇 가지의 분류 유형에 중복되어 기재될 수 있는데, 이는 결국 각 의무사항들이 상호 유기적으로 작용하고 있음을 의미한다. 따라서 확보의무가 제대로 이행되기 위해서는 본사와 현업, 그리고 그것을 실제 수행하는 인력들이 상호 유기적인 관계 속에서 소통하고 관심을 기울이는 것이 이 법률 확보의무의 제대로 된 이행이 완성되는 것이다.

따라시 기업의 사업주 및 경영책임자는 형식상 시스템을 만드는 것만으로 책임을 다하는 것이 아니라, 본사와 현업의 관련 실무 인력들이 제대로 역할을 수행하도록 시스템을 활용하여 관리하는 것이 이 법률의 핵심 의무 내용인 것이다.

다시 말해 기업 규모에 따라서 안전보건관리 시스템의 유무나 정교함 정도는 다를 수 있으나, 그 자체가 법률 이행의 핵심 요소는 아니라는 것이다. 그것은 수단에 불과하므로, 비록 작은 규모의 기업에서 안전보건 관리 시스템을 구축하지 못하고 있다고 하더라도, 각 기업의 규모와 특성에 맞게 확보의무를 이행하기 위한 실질적인 관리체계는 얼마든지 만들 수 있다는 자신감을 가질 필요가 있다.

2) 중대재해처벌 등에 관한 법률의 확보의무 사항들 사이에도 우선순위가 있다!

이 법률의 적용을 받는 기업들은 마땅히 이 법률이 요구하는 15개의 확보의무 사항을 이행하여야 한다는 것은 두말할 나위가 없다. 문제는 현재 많은 기업들이 이 15개의 확보의무 사항을 어디서부터 어떻게 이행하여야 할지 방향을 잡지 못하고 있고, 이에 단 하나의 확보의무 이행부터 차근차근 준비해 나갈 시작조차 제대로 하지 못하는 기업들이 많이 있을 것이라는 점이다. 그리고 그런 기업들이 외부 전문가의 컨설팅을 받으면 좋겠지만, 비용적인 한계에 부딪혀 쉽사리 외부 전문가의 도움을 받지 못하는 경우도 많다는 것이다. 그래서 이 책에서는 다소 과감하지만, 중대재해처벌 등에 관한 법률이 정한 15개의 확보의무 사항들 중에서 더 중요한 사항과 덜 중요한 사항들을 구분할 필요성도 있음을 언급하고자 한다.

다시 말하면 일부 기업에서 법률이 정한 15개의 확보의무 사항을 단번에 완료할 수 없다면, 여기서 언급한 더 중요한 사항부터 하나씩 하나씩 차근차근 준비해 나가는 것도 하나의 방법임을 얘기하고 싶다.

우선순위를 정하자면 판단 기준이 있어야 한다. 물론 각 기업의 특성과 경영가치에 따라 기업별로 판단기준을 정하고 확보의무의 우선순위를 정할 수도 있을 것이다. 이 책에서는 다수의 기업이 일반적으로 적용할 수 있을 판단 기준으로서 두 가지를 제시하고자 한다.

①은 산업재해 예방의 관점으로서 '사업장에서 산업재해를 예방하기에 효과적일 수 있는 확보의무 사항'이고, ②는 사업주의 법률 위반에 대한 리스크 예방의 관점으로서 '미이행 시 사업주 또는 경영책임자의 책임 추궁이 문제 될 확률이 높은 확보의무 사항'이다.

구분	판단 기준	우선순위 확보의무 사항
①	산업재해 예방 관점 -사업장에서 산업재해를 예방하기에 효과적일 수 있는 확보의무 사항	3. 유해·위험 요인 확인 및 개선절차를 마련 - 위험성 평가 절차 마련 및 실시와 보고로 대체 가능 5. 안전보건관리책임자, 관리감독자, 안전보건총괄책임자 필요 예산 지원, 평가 및 관리 7. 종사자의 의견 청취 및 조치, 협의체 운영 9. 도급, 용역, 위탁업체 평가 기준 마련, 공사기간 적절 검토, 평가
②	사업주의 법률위반에 대한 리스크 예방의 관점 - 미이행 시 사업주 또는 경영책임자의 책임 추궁이 문제될 확률이 높은 확보의무 사항	12. 안전·보건 관계법령 의무 이행 여부 등 점검 및 점검 보고 13. 12 미이행 사항에 대한 필요 조치 강구 (인력 및 예산 확보 등) 14. 유해위험 작업 등 법정의무교육 실시상태 점검 및 점검 보고 15. 14 미이행 사항에 대한 필요 조치 강구 (이행지시 및 예산 확보 등)

① 산업재해 예방의 관점

앞에서 기술한 하인리히의 재해예방의 4가지 원칙에 따라 재해 발생의 원인을 발굴하고 대책을 수립하는 데에 직접적으로 도움을 줄 수 있는 '절차 또는 인력'에 관한 확보의무를 추려내 보니 약 4개의 확보의무 사항이 나왔다.

이 중에서도 제일 핵심은 단연코 '3. 유해·위험 요인 확인 및 개선절차를 마련·위험성 평가 절차 마련 및 실시와 보고로 대체 가능'으로서, 이는 그 자체로 산업재해 발생 위험이 있는 유해·위험 요인을 발굴하고 개선 조치를 취하며, 이러한 이행 상태를 정기적으로 보고하는 것 자체를 의무로 하고 있다. 이 업무를 수행하는 과정에(특히 위험성 평가로 대체할 경우에는 더욱 그러함) 현업에서 실무를 수행할 인력(안전보건관리책임자, 안전·보건관리자, 관리감독자 등)과 제3자 협력업체, 종사자 모두가 참여하게 되어 있으니, 3. 확보의무 사항은 이 법률 전체에서도 제일 핵심적인 의무사항이라고 보아도 과언이 아니라고 생각한다. 그 절차를 명시한 것이 바로 3. 확보의무 사항인 것이다.

그리고 그것을 수행하는 구체적인 인력에 대한 관리 등 의무사항을 명시한 '5. 안전보건관리책임자, 관리감독자, 안전보건총괄책임자 필요 예산 지원, 평가 및 관리', '7. 종사자의 의견 청취 및 조치, 협의체 운영', '9. 도급, 용역, 위탁업체 평가 기준 마련, 공사기간 적절 검토, 평가'는 해당 인력이 좀 더 성실히, '3. 확보의무' 사항을 이행하는 데에 견인 역할을 수행할 수 있는 의무사항으로 보아 우선순위 확보의무 사항으로 명시하고자 한다.

즉, '3. 확보의무' 사항을 중심으로 하여, 확보의무가 제대로 이행할 수 있도록 5와 7, 9의 확보의무 사항 이행과정에 적극적으로 참여할 것을 평가 기준 및 보상 기준으로 제시하는 형태로 확보의무를 이행하는 것이다.

이것이 이 책이 제시하는 첫 번째 효과적인 우선순위 확보의무 이행방안이다.

② 사업주의 법률 위반에 대한 리스크 예방의 관점

사업주 또는 경영책임자의 관리의무가 명확히 명시되어 있기에 확보의무의 이행 또는 미이행 여부가 명확히 구분될 수 있는 확보의무 유형을 추려내 보니 약 4개의 확보의무 사항이 나왔다. 즉 나머지 사항들에 대하여는 이행의 정도의 차이는 있을 수 있고, 다양한 형태로 이행 여부에 대하여 소명할 방법이 있을 수 있으나, 여기서 추려낸 4개의 확보의무는 사업 주 또는 경영책임자가 그 이행을 위하여 명시적으로 행하여야 하는 의무가 명시되어 있어 그 이행 여부가 명확히 구분되는 사항이다.

바로 이 법률 제4조 제1항 제4호에서 '안전·보건 관계 법령에 따른 의무 이행에 필요한 관리상의 조치'로 명시한 사항이다. 이 법률은 해당의무 사항으로 '안전·보건 관계 법령에 따른 의무를 이행했는지를 반기 1회 이상 점검하고, 직접 점검하지 않은 경우 지체 없이 점검 결과를 보고받고, 미이행 사항에 대한 필요 조치를 강구'하거나 '안전·보건 관계 법령에 따라 의무적으로 실시해야 하는 유해·위험한 작업에 관한 안전·보건에 관한 교육이 실시되었는지를 반기 1회 이상 점검하고, 직접 점검하지 않은 경우 지체 없이 점검 결과를 보고받고 미이행 사항에 대한 필요 조치를 강구'할 것을 명시하고 있다. 즉 '반기별 직접 점검 행위(대행 시 보고를 받는 행위)', '필요 조치를 강구하는 행위'까지 법에서 명시하고 있는 것이다. 따라서 관련된 법률 위반이 있음에도 불구하고 그에 대하여 상기에 명시한 일체의 관리상의 행위가 행하여지지 않은 경우에는 명백하게 사업주 또는 경영책임자의 법률책임 리스크가 발생할 확률이 높은 사항인 것이라 볼 수 있기에, 우선순위에 두고 챙겨야 하는 사항이다.

이것이 이 책이 제시하는 두 번째 효과적인 우선순위 확보의무 이행방안이다.

3) 예상 가능한 위험을 발굴하고, 조치 방안을 마련하는 것의 중요성!

앞서 이 법률에서 제일 핵심이 되는 확보의무의 내용으로 꼽은 '3. 유해·위험 요인 확인 및 개선절차를 마련, 위험성 평가 절차 마련 및 실시와 보고로 대체 가능'에 대하여 추가로 얘기하고자 한다.

'3. 확보의무'는 사업장의 특성에 따라 유해·위험 요인을 확인하고 개선절차를 마련하여, 이를 반기마다 점검하여 관리하도록 그 의무를 명시하고 있으며, 이를 대신하여 위험성 평가를 법률에 따라 실시할 경우 위험성 평가의 의무 이행으로 대체한다고 명시하고 있다.

(여기서, '위험성 평가[1]'는 중대재해처벌 등에 관한 법률의 시행 전부터 산업안전보건법 제36조에 따라 모든 사업장에 적용되는 의무사항으로서 그 세부적인 절차와 방법에 대하여 고용노동부 장관이 세부적으로 명시하고 있다.)

중요한 점은 반기마다 유해·위험의 확인 및 조치가 제대로 이행되고 있는지를 사업주 또는 경영책임자가 점검하고 확인할 의무가 명시되어 있다는 것이다.

이는 과거와 같이 형식적인 위험성 평가만으로는 더 이상 이 법률의 책임을 피할 수 없다는 것을 의미한다.

관련하여 이 법 시행 이전에 위험성 평가에 대하여 다수 기업이 가지고 있던 인식 및 관행을 살펴보면 다음과 같다. 우선 의외로 많은 소규모 사업장에서는 위험성 평가가 법적 의무사항인 것조차 모르는 경우도 흔했고, 이에 대하여 산업안전보건법 역시 제36조 위험성 평가 미실시 자체에 대한 처벌 조항이 없는 관계로 관련 업무 관계자의 의무 미이행으로 간주하여 단순히 과태료 부과로 끝내는 경우가 많았다. 그리고 위험성 평가를 실시하더라도 실제 현장의 순회 점검이나 현업 종사자 등의 의견수렴 없이 담당 직원이 혼자서 문서를 작성하고, 그에 대하여 제대로 공유를 하지 않는 경우도 많았고, 공유하고 개선절차를 마련하였다고 하더라도 일시적인 개선에 불과할 뿐 그 상태가 유지되지 않는 경우가 태반이었다. 따라서 년 1회 실시되는 위험성 평가가 매년 거의 동일한 위험 요인과 개선사항 이행으로 반복되어 형식화되는 경우가 관례였던 것이다.

---

[1] 산업안전보건법 제36조 (위험성 평가의 실시) ① 사업주는 건설물, 기계·기구·설비, 원재료, 가스, 증기, 분진, 근로자의 작업 행동 또는 그 밖의 업무로 인한 유해·위험 요인을 찾아내어 부상 및 질병으로 이어질 수 있는 위험성의 크기가 허용 가능한 범위인지를 평가하여야 하고, 그 결과에 따라 이 법과 이 법에 따른 명령에 따른 조치를 하여야 하며, 근로자에 대한 위험 또는 건강장해를 방지하기 위하여 필요한 경우에는 추가적인 조치를 하여야 한다'

이제는 사업주 또는 경영책임자가 정기적으로 관리해야 하는 책임이 있는 만큼 이러한 형식적인 이행으로는 그 책임을 충분히 이행하였다고 볼 여지가 없다는 것에 주목할 필요가 있다. (참고로 고용노동부 관련 배포자료[2]에서는 '산업안전보건법상 정기 위험성 평가는 년 1회 실시하도록 명시되어 있고, 그 외 특수한 작업 및 상황이 발생하기 전에 수시 위험성 평가를 실시하도록 법률이 명시하고 있는바, 관련 의무가 적법하게 운영되는 경우 중대재해처벌 등에 관한 법률에서 반기마다 실시하여야 하는 유해·위험의 확인 및 조치사항 점검은 별도로 이행하지 않아도 된다.'고 보고 있음)

예컨대 사업주 또는 경영책임자는 반복되는 점검의 시간을 통하여서 다음과 같은 사항을 확인하여야 할 것이고, 그에 따라서 3. 확보의무는 사업장의 작업환경을 안전하게 조성하는 데에 매우 큰 역할을 수행할 것이다.

① 각 현업의 특징에 맞는 유해·위험 요인이 제대로 발굴되고 확인되고 있는지
② 현업에서 발생한 산업재해의 원인과 관련한 사항이 예상 가능한 유해·위험 요인으로 반영이 되어 있는지
③ 현업 종사자의 의견 청취 및 협의체 점검에서 언급된 사항이 예상 가능한 유해·위험 요인으로 반영이 되어 있는지
④ 그 외 계절적·작업 환경적·투입되는 작업자의 특수성을 반영한 유해·위험 요인을 확인하였는지
⑤ 개선 조치가 각 상황의 특수성에 맞게 잘 선정되었는지
⑥ 개선 조치 이행을 위하여 추가로 필요한 인력 및 장비, 예산이 없는지
⑦ 개선 조치가 잘 유지되고 있는지

---

[2] 「중대재해처벌법령 FAQ 중대산업재해부문 (2022. 1. 18. 발표)」 참조

그리고 이 핵심 확보의무만이라도 제대로 운영된다면, 사업주 또는 경영책임자는 단순히 15개의 확보의무 사항 중 1의 의무를 이행한 것이 아니라, 그 이상으로 이 법률에서 명시한 책임으로부터 자유로울 확률이 높아질 것이라 확신하는데, 그 이유는 다음과 같다.

중대재해처벌 등에 관한 법률 제6조[3]는 '사업주 또는 경영책임자가 상기 15개의 확보의무를 위반하여 중대산업재해에 이르게 한 경우 처벌한다.'는 취지로 명시하고 있고, 고용노동부 관련 배포자료[4] 역시 '이 법률에 따른 의무를 다 하였다면 의무 위반으로 처벌되지 않는다.

다만 반복되는 근로자의 실수나 안전 수칙 위반 등을 방치·묵인하는 것은 위험관리 및 안전보건관리 체계 구축 및 이행상의 결함이 될 수 있음을 유의해야 한다.'고 명시하고 있다.

이를 어떻게 해석할지에 대하여 아직 명확한 사례는 없지만, 유사한 형태로 법을 규정하고 적용한 산업안전법 적용 사례를 보면 중대재해처벌 등에 관한 법률의 벌칙조항이 어떻게 적용될지도 예상할 수 있다.

산업안전보건법은 '사업주의 안전보건조치의무를 명시한 제38조 내지 제39조와 도급사업주의 안전보건조치의무를 명시한 제63조를 위반하여 근로자를 사망에 이르게 한 경우 처벌한다.[5]'는 취지로 명시하고 있고, 이에 대하여 판례는 형

---

[3] 중대재해처벌 등에 관한 법률 제6조(중대산업재해 사업주와 경영책임자 등의 처벌)
   ① 제4조 또는 제5조를 위반하여 제2조제2호가목의 중대산업재해에 이르게 한 사업주 또는 경영책임자 등은 1년 이상의 징역 또는 10억 원 이하의 벌금에 처한다. 이 경우 징역과 벌금을 병과할 수 있다.
   ② 제4조 또는 제5조를 위반하여 제2조제2호나목 또는 다목의 중대산업재해에 이르게 한 사업주 또는 경영책임자 등은 7년 이하의 징역 또는 1억 원 이하의 벌금에 처한다.
   ③ 제1항 또는 제2항의 죄로 형을 선고받고 그 형이 확정된 후 5년 이내에 다시 제1항 또는 제2항의 죄를 저지른 자는 각 항에서 정한 형의 2분의 1까지 가중한다.

[4] 「중대재해처벌법령 FAQ 중대산업재해부문 (2022. 1. 18. 발표)」 참조

[5] 산업안전보건법 제167조(벌칙) ① 제38조제1항부터 제3항까지(제166조의 2에서 준용하는 경우

사법 일반 원칙을 적용하여 '고의성(인식 또는 예견 가능성)'을 요건으로 하고 있다.[6]

좀 더 구체적으로 살펴보면, 판례는 '산업안전보건법 위반죄는, 사업주가 자신이 운영하는 사업장에서 위 법 규정된 안전상의 위험성이 있는 작업과 관련하여 산업안전기준에 관한 규칙이 정하고 있는 안전조치를 취하지 않은 채 작업을 지시하거나, 그와 같은 안전조치가 취해지지 않은 상태에서 위 작업이 이루어지고 있다는 사실을 알면서도 이를 방치하는 등, 그 위반행위가 사업주에 의하여 이루어졌다고 인정되는 경우에 한하여 성립하고, 위 규칙에서 정한 안전조치 외의 다른 가능한 안전조치가 취해지지 않은 상태에서 위험성이 있는 작업이 이루어졌다는 사실만으로 위 죄가 성립하는 것은 아니다.'라는 취지로 판시하고 있다.

이는 형법 제13조에 따라 형사법 성립의 기본원칙인 '고의성'을 적용하고 형법 제14조에 따른 과실법 처벌조항을 별도로 명시하고 있지 않은 산업안전보건법 벌칙규정 상 '고의범'에 한하여서 형사처벌을 부과한다고 판단하고 있는 것이다.[7][8]

다시 돌아와서 이를 중대재해처벌 등에 관한 법률에 적용해 보면 다음과 같다.

중대재해처벌 등에 관한 법률은 사업주 또는 경영책임자가 이 법률을 위반하거

를 포함한다), 제39조제1항(제166조의 2에서 준용하는 경우를 포함한다) 또는 제63조(제166조의 2에서 준용하는 경우를 포함한다)를 위반하여 근로자를 사망에 이르게 한 자는 7년 이하의 징역 또는 1억원 이하의 벌금에 처한다. 〈개정 2020. 3. 31.〉

[6] 대법원 2009.5.28. 선고 2008도7030 판결 : 산업안전보건법 제66조의 2, 제23조 제3항 위반죄가 성립하는 경우

[7] 형법 제13조(고의) 죄의 성립 요소인 사실을 인식하지 못한 행위는 벌하지 아니한다. 다만, 법률에 특별한 규정이 있는 경우에는 예외로 한다.
형법 제14조(과실) 정상적으로 기울여야 할 주의(注意)를 게을리하여 죄의 성립 요소인 사실을 인식하지 못한 행위는 법률에 특별한 규정이 있는 경우에만 처벌한다.

[8] 대법원 2010. 2. 11. 선고 2009도9807 판결, 대법원 1986. 7. 22. 선고 85도108 판결

나 이 법률을 위반하여 현업에서 안전보건조치의무가 미흡한 상황에 작업을 수행하고 있음을 사업주 또는 경영책임자가 예견할 수 있음에도 불구하고 이를 방치한 상황에서 작업을 수행하던 종사자가 중대산업재해를 당한 경우, 사업주 또는 경영책임자가 처벌 대상이 될 수 있다. 그리고 3. 확보의무는 '현업의 작업환경에서 예견 가능한 위험을 확인하고 관련 조치를 취하는 것에 대하여 사업주 또는 경영책임자가 정기적으로 반기마다 점검하고 필요한 지원을 수행하도록 명시'하고 있다. 이는 더 이상 사업주 또는 경영책임자가 현업의 구체적인 작업 상황을 인지하지 못했다(고의가 없었다)는 단순한 변명으로 법적인 책임을 회피할 수 없음을 의미한다. 사업주 또는 경영책임자는 비록 개별 작업 내용을 일일이 알지는 못하더라도 정기적으로 현업의 유해·위험한 환경의 관리할 책임이 있는 이상 이 법이 정착될수록 현업의 유해·위험한 환경을 점점 더 세밀하고 정교하게 개선하고 관리해 나갈 수밖에 없는 구조가 되는 것이다.

따라서 기업은 3. 확보의무가 얼마만큼 실질적으로 운영되고 관리되고 있는지 그 자료를 성실히 축적해 나가는 것이 매우 중요한 부분이라고 생각한다.

4) 그럼에도 불구하고 생길 수 있는 구멍, 현실적인 한계, 어떻게 극복할 것인가!

최초에 〈하인리히의 재해예방의 4가지 원칙〉에도 불구하고 산업재해가 발생하는 2가지 유형 (① 천재지변, ② 작업자의 돌발행동)을 살펴 보았듯이, 우리는 그럼에도 불구하고 발생할 수 있는 현실적 한계를 인정하여야 한다.

물론 그러한 일이 발생하였을 때 앞서 살펴본 '고의성(인식 및 예견 가능성)'이 없는 중대산업재해에 대하여 사업주 또는 경영책임자의 책임을 묻는 일은 없겠지만, 회사는 중대산업재해가 발생하였다는 사실만으로 경제적·시간적·이미지적 손실을 피할 수 없기 때문이다. 그리고 인간의 생명에 대한 문제인 만큼, 어떠한 사고라도 발생하지 않도록 무한책임에 가까운 기업의 책임을 요구하는 사회적인 분위기를 고려해야 한다. 또한 기업이 고의성(인식 또는 예견 가능성)이 없음을 논하는 것은 참으로 불편한 일이고, 이를 사회 또는 법원으로부터 인정받기도 쉽지 않음을 인정해야 한다.

따라서 우리는 만약을 대비하여 이러한 현실적인 한계마저 어떻게 극복할 것인지 한 번쯤 생각해 둘 필요가 있다. 그리고 그 답의 일부를 중대재해처벌 등에 관한 법률에서 확보의무로 명시하고 있다.

바로 '5. 안전보건관리책임자, 관리감독자, 안전보건총괄책임자 평가 기준 마련, 필요 예산 지원, 반기 평가 및 관리'와 '7. 종사자의 의견 청취 및 조치, 협의체 운영', '9. 도급, 용역, 위탁업체 평가 기준 마련, 공사기간 적절 검토, 반기 평가'라고 생각한다.

여기서 잠깐, 재해 발생 원인을 분석하는 여러 가지 이론 중 널리 사용되고 있는 '3E'와 '4M'에 의한 분석방법을 살펴보자.

3E	Engineering(기술)	기계설비의 설계 결함, 위험 방호 불량 근원적 안전시스템 미흡
	Education(교육)	작업 방법, 교육 불충분, 안전지식 부족 <u>안전 수칙 무시</u>
	Enforcement(규제)	안전관리 조직 결함, 안전관리 규정 미흡 안전관리 계획 미수립
4M	**Man(인간적 요인)**	심리적 원인, 생리적 원인
	Machine(기계적 요인)	기계설비 설계 결함, 위험방호 물량 근원적 안전화 미흡
	Media(환경적 요인)	작업 방법적 요인, 작업환경적 요인
	Management(관리적 요인)	안전관리 조직 결함, 안전관리 규정 미흡 안전관리 계획 미수립

여기 재해 발생 원인 중 '3E(Education/교육) - 안전 수칙 무시'와 '4M(Man/인간적 요인) - 심리적 원인/생리적 원인'은 사업주 또는 경영책임자가 아무리 노

력하더라도 완전히 해결할 수 없는 부분일 수도 있다. 예컨대 관리감독자가 전날 연인과 이별을 한 슬픔에 과음을 한 뒤 당일 현장에 투입되는 건설기계사전점검을 생략하였고 케이블이 끊어질 위험이 있는 상태에서 장비를 투입하여 작업을 수행토록 작업 허가를 지시했으며, 사무실에서 정신을 반쯤 놓은 상태로 있다고 하자. 이는 인간의 심리적·생리적 원인으로 인하여 안전 수칙을 무시한 상황이 발생하게 되는 것이다. 또 다른 예로 한여름에 작업자가 평소에 고혈압을 앓고 있음에도 당일 약 복용을 하지 않은 상태에서 슬라브 위에서 콘크리트 타설 작업을 수행한다고 하자. 아무리 현업 관리감독자가 당일 기온을 확인하고 강제 휴게시간을 부여한다고 하더라도, 개인의 특수한 건강 상태와 콘크리트 양생과정에 발생하는 수화열이라는 특수한 사정 등이 복합적으로 작용하여 심각한 재해로 이어질 위험도 있는 것이다.

다시 말하면, 사업주 또는 경영책임자가 아무리 노력하더라도 중대산업재해 예방률을 100%로 할 수 없는 것이 바로 '사람'에 의해 발생하는 재해인 것이다. 그리고 그 사람의 대표적인 예가 실무관리인력, 작업자, 제3의 협력업체 관계자라고 볼 수 있다. 따라서 그 현장의 작업 상황을 구성하는 인적요소인 관리인력, 작업자, 제3자 협력업체에 대하여 안전에 대한 참여의식을 높이고 동기부여를 하는 방안이 중요하다고 판단한 것이다.

이러한 의미에서 이 법률 5, 7, 9. 확보의무의 실질적 의미를 이해하고, 이들에 대하여 안전보건조치에 적극적인 참여를 유도하고 그 인식상태를 확인하는 것이 매우 중요한 의미가 있다고 본다.

관련하여, '7. 종사자의 의견 청취 및 조치, 협의체 운영'에 대하여 고용노동부 관련 배포자료[9]에서는 '각 사업장별로 유해·위험 요인이 다를 수 있으므로, 일부 사업장이 아닌 모든 사업장에 대하여 산업안전보건위원회, 안전보건협의체, 건의함 등 별도의견 절차 등을 통하여 종사자의 의견을 청취하는 절차를 두어야 한다.'는 취지로 명시하고 있다.

그리고 '9. 도급, 용역, 위탁업체 평가 기준 마련, 공사기간 적절 검토, 반기 평가'에 대하여 고용노동부 관련 배포자료[10]에서는 '산업재해 예방 및 종사자의 안전 확보를 위한 의견청취 등 안전 및 보건에 관한 조치는 원칙적으로 근로자의 불법파견 징표로 보기는 어렵다. 따라서 긴급상황이나 위험상황 등에서 산업재해 발생 예방을 위하여 일시적으로 업무상 지시를 한 경우 근로자 불법파견의 작업지휘 징표에 해당된다고 보기는 어렵다.'는 취지로 명시하고 있다.

이러한 법률 제정 및 해석의 취지를 볼 때 종사자를 비롯한 현업을 구성하는 인력에 대하여 실질적인 관리 방안을 마련하는 것은 더욱 중요하다고 볼 것이다.

---

[9] 「중대재해처벌법령 FAQ 중대산업재해부문 (2022. 1. 18. 발표)」 참조

[10] 「중대재해처벌법령 FAQ 중대산업재해부문 (2022. 1. 18. 발표)」, 「근로자파견의 판단기준에 관한 지침」 참조

6. 안전은 법이 아닌 현장이 중심이 되어야 한다. 중대재해처벌 등에 관한 법률이 요구하는 것도 결국은 동일하다.

산업안전보건법 전면 개정에 이어 중대재해처벌 등에 관한 법률이 제정되면서, 안전분야는 이른바 법률전문가 시대를 맞이한 것 같은 느낌이 든다. 비록 나는 법률전문가도 안전전문가도 아니지만, 내가 공인노무사로서 산업안전보건법을 자문하던 수많은 건설현장의 안전·보건관리자들의 질문 유형도 현장의 사실 관계가 아니라 법의 해석에 대한 질문들로 많이 바뀌었다. 그리고 현업의 안전·보건관리자는 안전관련법률을 이해하고 그 의무를 이행하기 위하여, 현장을 점검할 시간과 기회를 포기한 채 책상 앞에 앉아서 책을 들여다보고 문서를 작성하고 있는 것을 자주 목격한다.

안전·보건에 대한 전문성이 강화되는 측면에서는 참 바람직한 현상일 것이다. 다만 그것이 결코 오늘 작업하는 이 순간의 안전을 책임져 주지는 않음에도 불구하고, 너무 많은 시간과 중심이 법률의 이해와 해석에 치우쳐진 것은 안타까운 일이다.

적어도 내가 판단하기에 중대재해처벌 등에 관한 법률은 기업에 이 법을 이해하고 이 법대로만 이행하면 된다는 것을 말하고 있지 않다. 이 법은 기업이 현업에서 안전보건의무를 제대로 이행할 수 있을 현실적이고 구체적인 수단을 제시하고 의무화하여, 법적 의무로서 정한 각각의 의무를 기업이 확보하는 과정에 각 기업의 안전한 작업환경이 자연스럽게 정착될 수 있을 것을 기대하고 있다. 따라서 이 법률에서 정한 의무의 이행하기 위한 기업의 체계 구축은 그것이 시작이 될 뿐, 결국 그것을 얼마나 내실 있게 운영하는지가 관건인 것이다.

그리고 그 답은 바로 현장에 있다. 현장에서 작업을 수행하는 각각의 인력(실무 관리인력, 작업자, 제3자 협력업체)들이 유해·위험한 요인을 발굴하고 확인하여 개선하고, 그에 필요한 사업주 및 경영책임자의 적극적인 지원 역시 현장에서 작업을 수행하는 인력들과의 소통을 통하여 비로소 이루어질 수 있는 것이다. 이 법률은 그러한 선순환적 구조가 정착될 수 있도록 현업 인력에 대하여는 정당한 명분을 제시하여 주고 있고, 사업주 또는 경영책임자에 대하여는 안전보건을 바라보는 올바른 시각을 제시하여 주는 것이다.

김 성 재(金 成 財)

<주요 학력>
부경대학교 대학원 토목공학 석사

<소속>
가은건설안전기술원 대표이사

<주요 경력>
한국안전원 상무이사

<강의 활동>
한국산업안전보건공단 산업교육원 외래강사
기업맞춤강의 : 현대건설, 태영건설, 한국전력, 국토안전관리원, 한국수력원자력, LH 외
한국건설안전기술사회 교육원, 한국기술사회, 한국엔지니어링 등 다수

<저서 및 논문>
공학도들에게 들려주는 기술사 성공스토리(공저) 2021

중대재해처벌법

Chapter 2

중대재해처벌법 시행 후 건설업의 안전보건

김 성 재

중대재해처벌법과 위험성 평가
1. 안전보건에 관한 법의 시작
2. 안전보건관리의 세대
3. 건설업의 사망자 줄이기 대책
4. 외국의 안전보건경영 시스템과 위험성 평가
5. 위험성 평가의 중점 사항
6. 안전보건문화

중대재해처벌법과 위험성 평가

「중대재해처벌 등에 관한 법률(이하 중대재해처벌법)」은 강행법으로 「산업안전보건법」과는 달리 과실법규의 요건을 직접 명시하지 않고 있다. 이 법은 기존의 법으로 정해진 규율을 지키는 명령 준수형의 안전 정책과는 다르게 사업주와 경영책임자에게 안전보건 관리체계의 구축 및 운영, 사업장의 안전 조치 및 보건 조치 등에 관한 적절한 조치와 감독을 해야 할 관리에 관한 의무를 부과한다.[1]

이 의무를 수행하기 위해 사업주와 경영책임자는 유해하거나 위험한 요소를 제거하고, 안전보건 조치를 성실히 이행하여야 하는데 「중대재해처벌법 시행령」 제4조 3항에서는 사업장 대부분에서 "3. 사업 또는 사업장의 특성에 따른 유해·위험 요인을 확인하여 개선하는 업무절차를 마련하고, 해당 업무절차에 따라 유해·위험 요인의 확인 및 개선이 이루어지는지를 반기 1회 이상 점검한 후 필요한 조치를 할 것. 다만, 「산업안전보건법」 제36조에 따른 위험성 평가를 하는 절차를 마련하고, 그 절차에 따라 위험성 평가를 직접 실시하거나 실시하도록 하여 결과를 보고받은 경우에는 해당 업무절차에 따라 유해·위험 요인의 확인 및 개선에 대한 점검을 한 것으로 본다"라고 「위험성 평가」를 시행하여 유해·위험 요인의 개선 작업 실시에 대해서 명시를 하였다.

안전에 대해 전문가들은 「중대재해처벌법」이 사업장에서 잘 시행되기 위해서는 위험성 평가가 필요하다고 얘기하며 "중대재해처벌법의 꽃은 위험성 평가"라는 얘기를 하곤 한다. 2013년 6월에 제정되어서 국내에서 약 10년간 실시하고는 있지만, 실상을 들여다보면 서류로서의 행위만 하는 위험성 평가가 왜 이렇게 갑자기 필요한지에 대해 알아보도록 하겠다.

---

[1] 중대 재해 처벌법/이상국

1. 안전보건에 관한 법의 시작

안전보건관리의 역사는 유럽에서 시작되었다. 1차 산업혁명의 선두주자이자 당시 세계의 경제와 문화를 주도하였던 영국은 세계에서 최초로 노동법이 제정된 나라이다. 증기기관과 방적기의 발명은 18세기 말 농업사회에서 산업사회로 급격한 변화를 초래하였고 공장에서 지속적으로 생산된 제품들은 증기기관차와 선박을 통해 운반되면서 영국은 점점 더 부강해졌다. 화려한 산업혁명의 이면에는 그늘이 존재했었는데 그것은 무분별한 생산 위주 정책으로 인한 환경오염과 무리한 노동시간으로 이 시기에 수많은 근로자가 목숨을 잃게 된다.

환경오염은 당시 환경의 보호에 대한 어떤 개념이나 지식이 없었기에 너무나도 당연하였고, 근로자들의 무리한 노동도 근로자의 인권을 보호하기 위한 제도가 없었기 때문에 수많은 노동자가 과로와 직업성 질병 등으로 사망을 하게 된다.

이때의 노동자들은 농사의 규모가 축소되면서 수많은 농노들은 일자리가 없어지게 되면서 자연스럽게 빈곤했지만, 자유를 획득하게 되고 또 다른 일자리를 찾아 도시로 와서 도시 빈민이라는 새로운 형태의 그룹을 만들게 된다. 농촌에서 도시로 건너온 도시 빈민들은 의식주를 제대로 해결하지 못하고, 어린아이부터 나이 든 노인까지 공장에서 무리한 노동을 하는 바람에 더욱더 많은 희생자가 발생하였던 것이다.

이러한 문제들이 발생한 후에 근로자들의 생명을 보호하기 위해 다양한 목소리가 나오게 되었고, 1802년에 영국에서 「견습공에 대한 건강과 윤리에 관한 법」이란 최초의 노동법이 제정된다. 이후 1833년에 「공장법」이 1842년에는 「광산 및 탄광노동에 관한 법률」이 뒤를 잇게 된다.

2. 안전보건관리의 세대

안전보건관리에 대한 발전을 세대로 나누어 보자면 1998년 Andrew Hale과 Jan Hovdend 교수가 주장한 3세대[2]로 구분을 할 수가 있다.

1세대는 '기술의 시대', 2세대는 '인간 요소의 시대', 3세대는 '안전관리의 시대'로 나눌 수 있는데, 이를 나누었다고 해서 기술 시대의 안전관리가 잘못되었거나 틀렸다고 하는 것은 아니다. 문화가 발전하면서 다양한 기술과 안전장치들이 발생하고 인간이 교육을 받으며 다양한 니즈를 원하게 되면서 안전관리도 점점 진화를 한 것이라고 보는 것이다.

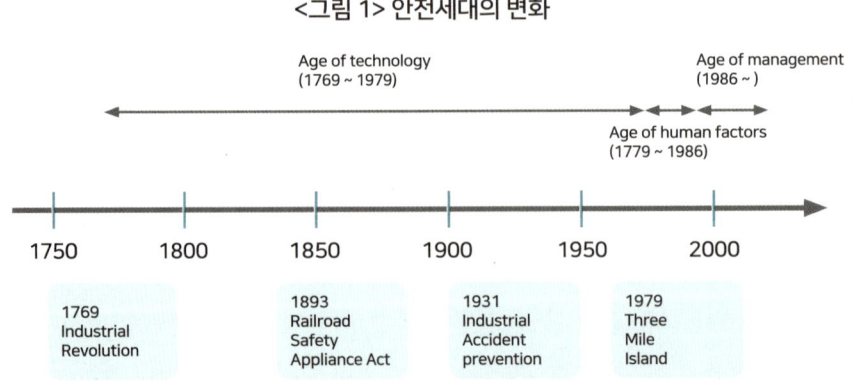

<그림 1> 안전세대의 변화

(출처: 안전패러다임의 변화/Erik Hollnagel)

1세대 '기술의 시대'

기술의 시대는 1차 산업혁명이 발생한 1769년부터 시작되었다. 증기기관이라는 새로운 기술의 발명과 함께 농업사회에서는 없었던 새로운 위험들이 증가하게

---

[2] 안전패러다임의 전화/Erik Hollnagel 참조

되면서 이를 해결하기 위해 '안전'이란 개념의 의식들이 생기기 시작하였다. 하지만 이 시대의 '안전'은 인간의 안전이 아닌 오로지 기계의 고장 및 오작동, 폭발 등을 방지하기 위한 기계의 불량률을 최소화하기 위한 안전이었다. 인간의 안전에 관해서는 법률이나 의식, 개념들이 존재하지 않았던 시대이니만큼 기계로 인해 발생하는 사고에 근로자들이 노출되면서 수많은 산업재해가 발생하게 되었고, 영국정부는 근로자 보호에 대한 정책의 필요성을 인지하게 되었다. 최초의 근로자의 보호에 대한 법은 1802년도에 제정된 「견습공에 대한 건강과 윤리에 관한 법」이었으며 1833년도에는 「공장법」이 1842년에는 「광산 및 탄광노동에 관한 법률」이 통과되었다.

근로자의 안전을 위해 안전과 정부의 정책이 연결되는 최초의 사례는 1893년 미국에서 제정된 「철도안전기구법」이다. 미국은 남북전쟁 후, 철도가 미국 전역으로 급속히 확장되게 되면서 철도에 종사하는 근로자 또는 철도 직원들의 사고가 지속해서 발생하게 된다. 특히 철도차량을 연결, 해체하는 작업을 하는 종사자들의 링크 앤 커플러의 사용과 핸드 브레이크의 작동을 할 때 발생하는 사고가 대부분을 차지했으며 이를 방지하기 위해 자동 커플러의 사용과 이를 장착하지 않은 자동차의 경우 운행을 금지하는 등의 다양한 표준을 준수하는 조항을 만들게 되고 이를 위반할 경우 벌금을 부과하게 했다.

1931년 H.W. Heinrich가 산업재해 예방(Industrial Accident Prevention)이라는 저서를 출간하게 된다. 지금도 안전에 관한 기본적인 이론으로 가장 널리 쓰이는 하인리히의 이론은 미국의 트래블러스 보험사의 손실 통제 부서에 근무하면서 수많은 사고 통계를 접하면서 통계적 법칙들을 발견하게 되고, 이러한 법칙들을 바탕으로 '1:29:300', '사고의 연쇄반응(도미노 법칙)', '사고예방 5원리' 등 다양한 안전에 관한 이론들을 정립했다. 이로 인해 아차사고가 큰 재해가 발생하기 전의 경고 징후란 것을 알게 되고, 다양한 대비책들을 수립하게 되면서 대형 사고를 막을 수 있게 되었다.

하지만 이러한 하인리히의 산업재해 예방 이론에도 불구하고 기술의 시대에서는 기술의 발전, 즉 자동화 안전장치의 개발과 교육, 디자인 등을 통해서 안전을 막을 수 있을 거라는 확신이 있었다. 미국과 소련의 인공위성 경쟁이 한창이던 1961년도에 인공위성 발사 시스템의 오류를 막기 위해 시스템의 안전평가를 위해 정량적인 위험성 평가 기법인 결함수 해석(FTA. Fault Tree Analysis)을 개발한 것도 정확성 있는 해석을 통해 재해의 직접 원인과 작업자의 에러 등까지 다 해결할 수 있을 거라는 믿음이 있었기 때문이다.

이러한 믿음은 1979년 미국 펜실베이니아 주에 위치한 스리마일 섬(Three Mile Island)에서 원전사고가 발생할 때까지 이어져 왔다.

2세대 '인간 요소의 시대'

미국 펜실베이니아 주 서스쿠해나 강에 위치한 스리마일 섬(Three Mile Island)은 섬의 길이가 3마일(4.8km)이어서 붙은 이름으로 원자력발전소 1호기(1974년), 2호기(1978년)가 가동되고 있었다. 1979년 3월 28일 원자력발전소 2호기의 냉각장치가 파열, 노심용융[3]이 일어나면서 핵연료가 외부로 유출되는 미국 상업 원자력산업 역사상 가장 심각한 사고가 발생하게 되는데, 원인을 분석해 보니 운전원이 경수로 안을 냉각하는 긴급노심 냉각장치가 작동하였는데도 계량을 오판하여 이 냉각장치의 작동을 멈추게 하면서 불과 몇 시간 만에 원자로 온도가 5,000도 이상 올라가게 되어 폭발 위기를 맞게 된다.

원자력발전소는 이러한 문제점들을 해결하기 위해 다양한 안전장치를 설치하

---

[3] 원자력발전에서 원자로가 담긴 압력용기 안의 온도가 급격히 올라가면서 중심부인 핵연료봉이 녹아내리는 것

는데 이때에는 기술적인 문제가 아니었으므로 심층 방호 시스템도 제대로 작동하지 않아 5겹의 방호벽 중에서 네 번째 방호벽까지 뚫릴 정도였으나 제대로 된 문제를 파악하게 된 것은 사고 발생 16시간이 지난 후였다.

이 사고는 당시에는 '가장 오염이 없고 비용이 적게 드는 꿈의 에너지'로 평가받던 원전에 대한 이미지를 단숨에 뒤엎게 되었고, 당시 129개 원전 건설 계획이 승인을 받은 상태였지만 이미 짓고 있던 53개 발전소만 건설이 계속됐을 뿐 나머지 계획은 취소되는 결과를 초래하게 된다.

안전에 대해서도 기술로서 해결할 수 있을 거라고 믿었던 부분들이 인간의 사소한 실수로 인해 재해가 발생할 수도 있다는 것에 공감하게 되고 인간의 불안전한 요소, 부정확하고 변동적인 인간의 특성에 대해 다양한 인간공학에 관해서 연구하게 되지만 아쉽게도 「인간 요소」의 시대는 10년 정도 만에 포기를 하게 되는데 다양한 인간들에게 발생하는 수많은 '인적오류'에 대해 표준적이고 정량적인 매뉴얼을 만드는 게 불가능하다는 것을 인정하게 된 것이다.

시스템 안전에서도 가장 불안전하게 다루게 되는 것이 인간의 가변성이며 개인을 기술에 접목시키는 것은 너무나도 어려운 문제였기 때문이다.

3세대 '안전관리의 시대'

안전관리의 시대는 주장하는 사람마다 다양하게 다루어지지만, 필자는 안전관리의 시대는 기존의 명령·규제형의 안전관리 정책에서 포괄적인 안전관리의 시스템으로 넘어갔다고 인식하고 있다. ISO 45001(산업안전 보건경영시스템), 한국산업안전보건공단에서 시행하는 KOSHA-MS, 산업안전보건법의 안전보건관리체제, 중대재해처벌법 시행령의 안전보건관리체계의 구축 등이 안전관리의 시대에서 시작된 것으로 볼 수 있다. 기존의 '기술의 시대'와 '인간 요소의 시대'에서 다루었던 표준적이고 강제적인 규율이 아닌 사업장마다 자율적인 안전보건 활동을 확장하고자 하는 것이다.

소속 조직과 구성원, 각종 시스템의 상호작용을 통해 사고에 대한 저항력을 키우고자 하는데 이때 필요한 것이 사업주에서 근로자까지 모두 사고를 방지하기 위해 동일한 목표를 달성하기 위해 집단학습을 통해서 상호작용을 통한 시너지효과를 내는 것이다.

기존의 1세대 '기술 안전의 시대', 2세대 '인간 요소의 시대'에서 추구하고자 했던 안전들이 3세대로 넘어왔다고 해서 잘못되었거나 없어져야 하는 것은 아니다.
다만 인간의 사회가 발전을 거듭하면서 다양한 기술들이 개발되었고, 문화가 바뀌면서 인간들의 교육수준이 높아지면서 각자마다 다양한 니즈를 갖게 되면서 이에 대응하기 위해 안전의 개념도 점점 진화해가는 것이라고 해야 할 것이다.

3. 건설업의 사망자 줄이기 대책

2018년 1월 23일에 국무회의에서 정부는 「국민생명 지키기 3대 프로젝트」를 발표했다.

OECD 평균 대비 가장 취약한 3대 지표(자살, 교통사고, 산재사고)의 사망률 개선을 위해 정부 대책을 마련한 것이다. 그중 산업재해 사망자 수의 경우 2016년 전체 사고사망자의 수가 969명이었는데, 건설업 사고 사망자의 수가 499명으로 51.5%로 가장 많았으므로 당연히 사고 사망자를 감축시키기 위해 건설업과 관련된 각종 정책이 쏟아지게 된다. 2018년부터 2021년까지 산업안전보건법이 전부 개정되었고, 건설기술진흥법과 건축법, 임시소방시설법, 건설기계관리법 등이 개정되었으며, 중대재해처벌 등에 관한 법률이 제정되었다. 이러한 정책들을 수립하면서 2022년까지 산업재해 사고 사망자를 절반으로 감축하려고 하였지만, 결과

론적으로는 정부는 목표를 달성할 수 없었다.

<표 1> 최근 5년간 사고사망자수 및 사고사망만인율 현황

연도	2017	2018	2019	2020	2021
사고사망자수	964	971	855	882	828
사고사망만인율	0.52	0.51	0.46	0.46	0.43

(출처: 고용노동부)

고용노동부에서 발표한 '2021년 산업재해 사고사망 현황 발표('2022.03.15)' 보도자료를 보면 2021년도에 사고사망자는 2016년(969명), 2017년(964명)으로 지속적으로 감소하다, 2020년(882명)으로 소폭 상승하였지만 2021년에 다시 828명으로 감소하면서 2016년 대비 141명이 감소하였다. 2022년까지 절반으로 줄인다는 정부 목표에 한참 모자란 것을 알 수 있다.

건설업의 경우도 2016년 499명에서 2021년 417명으로 감소하였지만 매년 50명씩 감소시켜 2022년까지 전체 500명 이하, 건설업 250명 이하의 목표를 달성하기에는 무리가 있다는 것을 알 수 있다. 다른 산업도 마찬가지겠지만 건설업의 경우 규모에 비해 많은 사고 사망자 수를 내는 것은 정부의 처벌 위주의 정책뿐만이 아니라 위험을 유발하는 모든 주체(발주자, 원청, 사업주, 근로자)가 스스로 재해를 막고자 하는 자정의 노력이 필요한데, 이를 위해 기존의 명령·규제형의 안전정책이 아닌 사업장의 위험 요인을 스스로 개선하고자 하는 포괄적인 안전정책이 필요해진 것이다.

<표 2> 업종별 사망사고 발생 현황(2020년 vs 2021년)

(단위: 명, %, %‱, %p, ‱p)

구분	계		건설업			제조업			그 밖의 업종		
		만인율		비중	만인율		비중	만인율		비중	만인율
2021년	828	0.43	417	50.4	1.75	184	22.2	0.46	227	27.4	0.17
2020년	882	0.46	458	51.9	2	201	22.8	0.5	223	25.3	0.18
증 감	△54	△0.03	△41	△1.5	△0.25	△17	△0.6	△0.04	4	2.1	△0.01

(출처: 고용노동부)

4. 외국의 안전보건경영시스템과 위험성 평가

- 영국 -

포괄적인 안전정책을 펼치는 안전선진국으로 영국과 독일을 예로 들 수 있다.

영국은 최초의 산업혁명 선두주자로서 최초의 노동법이 탄생한 나라답게 19세기 말까지 여성과 아동의 노동시간, 기계의 안전장치 등 많은 노동관계 법규와 규칙이 생겨났으며 1901년에는 과거의 모든 노동관계법을 종합하여 '공장 및 작업장 규제를 위한 통합법'이 제정·통과되었다. 이후에도 광산방재법(1910), 탄갱법(1911), 공장법 개정(1937), 광산 및 채석장법(1954), 사무실법(1960), 사무실·가게 및 철도구내법(1963) 등 다양한 개별법이 제정되었다. 1967년 영국 정부는 건강과 안전에 관한 법을 하나로 통합하는 계획을 발표하는데, 공장법과 철도구내법 등에서 다루는 분야를 포함하고자 하였으나 이 계획은 논란이 극심해지면서 산업안전보건에 관한 정부 정책은 사회문제로 비화하였다.[4]

이후 이를 해결하기 위해 왕립위원회를 발족시켜 연구하게 하였는데, 이때 연

---

[4] 외국의 위험성 평가제도/한국산업안전보건공단 산업안전보건연구원/박두용

구를 바탕으로 제출된 보고서가 그 유명한 「로벤스 보고서」이다.

「로벤스 보고서」는 산발적으로 제정되어온 개별법의 비효과성에 대해 지적하였으며, 산재 예방의 실효성을 확보하기 위한 대안으로 사업장 내 안전보건 활동의 활성화를 위한 자율관리 시스템(self-regulatory system)의 중요성에 대해 기본 원칙을 제시하게 된다.

또한, 사업장 내에서 사업주가 안전보건에 대하여 책임과 자기검사, 자기규제를 강화하도록 전환해야 한다고 주장했는데, 이는 최근의 안전보건경영시스템의 원형을 제시한 것으로 정부의 직접적인 규제만 준수하는 행태에서 포괄적인 책임을 묻는 방향으로 정부 정책을 변화해야 한다고 제시한 것이다. 이러한 개념에 근거해 영국은 산업안전보건법(1974년)을 제정하였으며, 지시적 산업안전보건법 체계에서 목표 설정식 산업안전보건법체계로 전환을 하였다.

영국의 위험성 평가 제도의 변천사를 얘기할 때 공식적으로는 1992년도에 EU의 기본 지침에 따라 직장에서의 건강과 안전에 관한 관리규정(The Management of Health and Safety at Work)을 제정하고 본격적으로 도입하였다. 하지만 비공식적으로는 이때를 제2차 위험성 평가 제도의 시작이라고 보는데 이는 1차 위험성 평가 제도가 시작된 때를 1974년 「산업안전보건법」이 제정된 해로 보기 때문이다. 이유는 이때의 시행된 「산업안전보건법」의 개념이 사업주의 자율적인 규제 시스템, 근로자의 참여, 사업주와 근로자가 보건과 건강을 증진하기 위해서는 상호 협력해야 한다는 점 등 최근의 안전보건경영시스템에서 요구하는 것과 매우 유사하기 때문이다.

이후 1989년에 유럽 산업안전보건청(EU-OSHA)에서 산업안전 보건관리 기본지침(The Framework Directive 89/331/EEC)을 제정하게 되고 EU 회원국은 자국의 사정에 맞게 국내법을 제정하게 되는데, 영국은 1992년에 사업장안전관리시행령(The Management of Health and Safety at Work Regulations 1992,

MHSWR)을 제정하게 된다.

이러한 목표 설정식 「산업안전보건법」 체계로 근로자의 안전의식을 향상시키고 불안전한 행동에 의한 재해는 줄일 수 있었지만, 일부 기업의 안전의식 부족으로 인한 열차 충돌, 여객선 침몰과 같은 수많은 인명 손실을 가져온 대형 참사들이 발생하게 되는데 기존의 「산업안전보건법」으로는 관련 기업에 대한 처벌이 되지 않으면서 이에 대한 필요성을 촉구하는 사회적 요구가 대두하게 된다. 이후 기업과실에 대한 처벌에 대해 13년간의 논의와 숙고를 거친 끝에 2007년에 「기업과실치사 및 기업살인법」이 제정된다.

- 독일 -

독일은 1차 산업혁명 시기에서 영국에 조금 뒤처졌기에 산업의 발전 시기나 산업안전보건법의 시기가 영국보다는 늦게 시작되었다. 하지만 2차 산업혁명의 발전과 함께 다양한 산업(내연기관, 석유와 전기, 중화학공업 등)이 발전하면서 독일은 영국을 경제적으로 추월하게 되고 1차 산업혁명 때 영국의 단순노동자들이 노동력을 착취당하던 때와는 다르게 영국의 법과 노동에 대한 문제점들을 샘플링하면서 좋은 장점만을 취하게 된다.

독일은 1869년 북독일 연방에서 제정된 「공장법」이 독일 최초의 산업안전 보건 관련법이다.

이 법은 1873년 독일 전역으로 확대되었고, 1978년 개정될 때까지 지속해서 개정과 명칭을 바꾸면서 노동자 보호와 권한을 보장하게 되었으며, 현재의 대표적인 「산업안전보건법」은 「사업장근로자안전 보건보호법(1996)」이다. 이 법은 위에서 언급한 유럽산업안전보건청(EU-OSHA)에서 1989년 제정한 산업안전 보건 관리 기본지침(The Framework Directive 89/331/EEC)이 1991년 효력이 발생하게 되었고, 5년 이내 유럽연합은 의무적으로 자국의 사정에 맞게 이를 반영하여야 했으므로 독일은 1996년 8월에「사업장근로자안전 보건보호법」을 연방 회의에서 통과시키게 된 것이다.

이 법에 의해 독일은 사업주의 포괄적 위험성 평가와 근로자의 의무 및 권리, 근로자의 참여 등에 대해 법적인 근거를 가지게 된다.

<표 3> 유럽공동체조약에 따른 독일국내법의 정비사례

구분	유럽지침	독일법령
협약	유럽공동체조약 EG-V §118(a)	기본법(연방헌법)
기본지침	EG의 산업안전지침 89/391/EWG(유럽경제공동체)	사업장안전보건조치법 (ArbSchG)
시행령	89/656/EWG PSA use	PSA-BV(1996.12.20.) 보호구사용시행령
	89/656/EWG worktool use	AMBV(1997.3.11.) 작업기구사용시행령
	90/270/EWG VDT work	BildscharbV(1996.12.4.) VDT 작업시행령
	90/269/EWG Manual Material Handling	LasthandhabV(1996.12.4.) 중량물취급시행령
	89/654/EWG workplaces	Arbstattv(1996.12.4.) 작업장소안전시행령

(출처: 한국산업안전보건공단)

〈표 3〉독일법령 체계에서 보시다시피 유럽 지침에 부합하는 다양한 법령을 제정하였다. 여기서 다른 특징을 볼 수 있는 게 독일은 법체계에서 법(Gesetz)과 시행령(Verordnung)과 시행규칙(Vorschrift)로 나누어지게 된다.

대한민국의 법체계와 크게 다를 바가 없어 보이지만 다른 점은 시행령은 상위법에 예속되거나 예속되지 않으면서 독립법의 형태로 작용하기도 하지만, 시행규칙은「산업안전보건법」체계에서 별도로 제정된 것이 없다.

시행규칙은 「사회법전 제7권」에 따라 동업조직(BG)[5]에서 제정을 하고 있으며, 동업조직에서 제정한 BGV(BG-Vorschriften)이 시행규칙을 대신하고 있다. 대부분의 국가에서는 하위규정으로 구체적인 사항을 정하고 있으나 독일의 경우 〈그림 2〉처럼 정부의 시행규칙보다는 BG에서 정한 재해예방규칙으로 시행규칙을 대신하고 있다. 「사회법전 제7권(SGB Ⅶ)」 15조(산재예방규정)1항에 의하면 (〈표 4〉 참조) BG는 자율운영권을 가지고 사업주 및 근로자가 산업재해, 직업법 그리고 건강위험 예방에 필요한 사항 등의 재해 예방규칙(BGV)를 제정·공표할 수 있다고 명시하였다.[6]

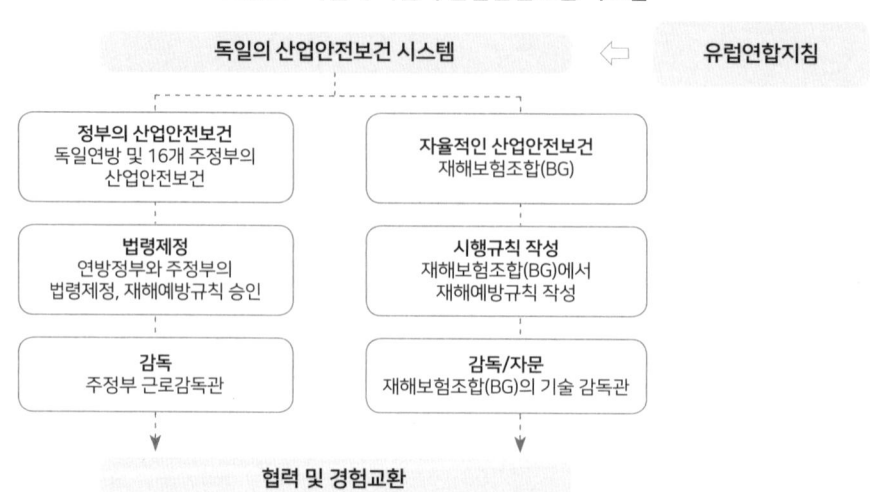

<그림 2> 독일의 이원적 산업안전보건 시스템[7]

(출처: 한국산업안전보건공단)

---

[5] BG BAU: 독일의 재해보험조합, 독일 특유의 산업안전관리기구로서 조합마다 산재예방, 재활, 보상 등 업무를 특성에 맞게 정하고 있으며, 노조측과 사측이 동수로 조합을 구성해 노동자의 의견이 동등하게 반영되도록 하고 있다.
재해보험조합과 주 정부, 회사 관계자는 직종별, 지역별로 구성된 66개 BG의 소속 사업장에 대해 기술감독을 실시하는데, 건설현장은 매달 2회 안전점검을 실시한다.

[6] 독일의 산업재해예방활동/한국산업안전공단/임영훈

[7] 독일의 산업안전보건제도 및 재해예방활동/한국산업안전보건공단/임영훈

이러한 조항이 생기게 된 이면에는 독일의 사회보장제도가 큰 역할을 했는데, 독일은 제2차 세계대전 이후 산업이 급속히 발전하여 경제력이 좋아지게 되면서 사회보장제도가 잘 확립되었고, 빈부 격차가 적은 안정된 사회적 체계를 유지하고 있었다. 이러한 사회적 배경으로 인해 노사 간의 협력체계가 잘 유지되고 있었기 때문이다.

<표 4> 독일의 정부 및 재해보험조합 법적 근거 비교

구분	정부	재해보험조합(BG)
법적 근거	사업장 안전보건관계자법(ASiG) 경영체제법(BetrVG) 공장령(GewO) 기계기구제품안전법(GPSG) (증기보일러령, 승강기령, 아세틸렌령, 가연성액체령, 작업장령, 폭발물질령) 여성 근로자보호법 근로시간법	사회법전 제7권 (재해예방규칙(BGV)/시행지침 포함) ※사회법전 1권(일반),3권(고용보험) 4권(사회보험 공동규정), 5권(건강보험),6권(연금보험), 7권(산재보험),9권(장애인재활,참여), 10권(행정절차),11권(간병보험)
기술기준	독일공업규격(DIN),독일인증기관(VDE),독일연방기술자협회(VDI), 독일 가스 물 과학기술협회 (DVGW), DSV 외	

(출처: 한국산업안전보건공단)

지금의 독일은 영국과 함께 세계적인 안전선진국으로 인정받고 있다. 최근 건설업체가 공공 공사 입찰 시 반영하고 있는 <표 5>의 사고사망만인율[8]의 통계 비교만 보더라도 국내의 발생률과는 많은 차이를 보이고 있는 것을 알 수 있다.

<표 5> 각 나라의 사고사망만인율 비교, 2019년

(단위: ‰)

구분	대한민국	미국	영국	독일	일본
사고사망만인율	0.46	0.37	0.04	0.14	0.14

(출처: 고용노동부)

[8] 상시근로자 10,000명당 발생하는 사고사망자 수

앞에서 「국민생명 지키기 3대 프로젝트」를 실행하였음에도 건설업의 사고사망 재해가 줄지 않았다고 얘기하였다. 정부에서 의지를 갖고 여러 가지 제도를 실행하고 독려하였는데도 재해가 줄어들지 않은 이유가 무엇일까?

독일 건설업의 사례를 통해서 국내의 시행되는 안전정책과 비교를 해보았다.
1950년대의 독일에는 "노동자로서의 마지막 정거장은 건설업이다."라는 격언이 있었다.

일할 곳을 찾다가 도저히 직업을 찾을 수 없는 사람들이 어쩔 수 없이 가는 곳이라는 뜻으로 건설업에 대한 당시 독일 사람들의 평판을 알 수가 있다.

건설업의 평판이 나쁜 원인을 찾아보면 제일 첫 번째는 고용 불안정에 있었다. 유럽의 겨울은 날씨가 춥기로 유명하다. 독일은 11월부터 3월까지 추운 날씨 때문에 건설업의 작업이 제대로 이루어지지 않기 때문에 대부분 노동자들이 동절기에는 일자리를 찾을 수가 없었다. 이러다 보니 고용 불안정에 대한 걱정 때문에 젊은 사람들이나 일을 하고자 하는 사람들은 건설업에 종사하기를 꺼렸고, 고용이 보장되는 제조업 등의 일자리를 찾게 되었다. 이러한 고용 불안정이 노동자들의 불안을 조성하게 되었고, 근로자들의 불안전의식이 품질, 재해 등에 영향을 미쳐 붕괴, 폭발, 추락 등의 다양한 사고가 발생하게 된다.

이러한 상황들이 장기적으로 계속 되자 독일 정부는 이러한 건설업의 악순환을 개선하기 위해 여러 정책을 내놓게 되는데, 첫 번째가 동절기의 고용 불안정에 대한 대책이었다.〈표 6〉처럼 겨울철 휴업에 대한 노동자의 불안요소를 법적으로 해결하게 되고 건설업에 대한 고용장려 정책을 펼치게 된다. 바로 민간기업에 건설기능인력의 정규직 채용을 권장하는 것이었다. 비정규직이던 기능공들에 대해 정규직 채용을 권장하는 한편 공공공사 낙찰자 선정 판단 기준인 '전문적인 시공능력, 건설업체의 규모, 업체의 성실도와 신뢰성, 가격의 적정성' 등에 기술인력 및 기능인력의 보유 여부를 추가하게 되었다. 비정규직 제도에 대한 불안감을 해소시키게 된다. 목적물과 유사한 과거의 시공에 참여했던 기술인력 및 기능인력이 얼마나 존재하는지, 상위자격증 보유자가 얼마나 있는지 등을 판단기준에 두게 되면서 건설업체는 기술 및 기능인력의 중요성을 인식하게 된다. 또한 임금의 하한선을 정해 저임금 국가 외국건설업체들이 낮은 가격으로 독일의 건설공사에 참여하여 품질저하와 재해를 유발하는 행위를 막게 되는데, 지금 독일의 기능공 정규직 비율은 80%이상이다. 그리고 공공공사의 낙찰률을 원수급자의 경우 95~105% 수준으로 맞추면서 저가수주로 인한 품질저하의 문제점을 없앤다.

<표 6> 독일의 동절기 휴업급여에 대한 변천사[9]

구분	내 용
1956년	- '악천 후 수당에 관한 법률' 제정 - 건설현장에서 11월 1일부터 3월 31일까지 해고를 금지, 그 기간 동안의 노동비용을 분담
1996년	- 상기 법률이 일시적 폐지되었다가 부활한 이후 명칭을 개정 - 근로자: 기후적 요인으로 일을 못할 경우 최초 1~30시간은 근로자가 축척한 AZ Konto로부터 임금을 보전 - 사업주: 다음 31~100시간에 해당하는 70시간 분은 평소 임금의 1%에 해당하는 금액을 축척한 사회복지기금에서 지불함. 그 액수는 실업급여 수준임. - 정부 : 101시간 초과분에 대해 고용보험에서 실업급여 수준의 동절기 휴업수당을 지급
2006년	- '계절적 조업단축 수당'으로 명칭을 변경 - 기후요인뿐만 아니라 주문량 가소에 따른 작업 중단에 대해서도 지원

(출처: 한국건설산업연구원/심규범)

독일 건설시장의 고질적인 문제였던(지금의 대한민국 건설업의 고질적 문제이기도 하다) 고용불안정, 저가수주, 품질저하 등을 정부의 낙찰률 상향, 입찰 시 판단기준 조정, 기능공의 정규직 채용 등의 시장 안전정책과 함께 각 산업조직마다의 특색에 맞는 포괄적 안전정책을 시행하게 되자 산업재해가 감소하게 된다. 정부의 시장안전 정책의 역할도 컸지만 독일이 안전선진국이 되는 데는 독일만의

---

[9] 독일 건설산업의 숙련인력 육성 및 시사점/한국건설산업연구원/심규범(2015.12.8.)

독특한 기구인 재해보험조합(BG)의 역할도 빼놓을 수 없다. 독일의 재해보험조합(BG)은 독일 산업발달 과정에 뿌리를 두고 있는데 1880년대 비스마르크 정권 시점에 의해 만들어진 사회보험체계는 업종별 사용자 단체가 정부의 간섭을 피하려고 재해보험조합(BG)을 구성해 재해보험 운영권을 얻어낸 것이 그 시초였다.

그 이후 1951년부터 노동자도 동등하게 참여하기 시작하면서 공공성이 강화되고, 안전기준도 더욱 강화하게 되는데 이는 빈부격차가 적고 노사협력에 대한 기본적인 문화가 존재했기에 가능했다.

독일은 사업장 문제를 '사업장평의회'에서 노사가 공동 결정하도록 법제화했고, 상시적인 노사협력이 이뤄진다. 재해보험조합(BG)은 노사가 공동 자치로 운영하며, 산업재해 예방 및 보상업무를 주로 하는데 정부는 보편적 지침만 주고 구체적인 안전 수칙은 재해보험조합(BG)이 결정하도록 하였다.

〈표 7〉 독일의 정부 및 재해보험조합 감독관의 업무를 비교해 보면 정부는 법령의 준수를 지도·감독하고 재해보험조합(BG)는 안전보건에 대한 기술적인 사항을 감독 및 지도하는 것을 알 수 있다.

〈표 7〉 독일의 정부 및 재해보험조합 감독관 비교

구분	정부의 근로감독	재해보험조합(BG)의 기술감독
업무	- 관할 지역 내 소재하는 모든 사업장의 산업안전보건법령상 문제에 대해 지도·감독 - 법령을 준수토록 지도감독 - 사업주가 법을 준수하지 않을 경우는 경고, 시정명령 등 경우에 따라 공장 및 기계 가동을 중단시키고, 사법권을 가짐	- 안전보건에 대한 기술적인 사항 감독 및 지도 - 사업주, 노조의 안전담당위원, 안전관리자, 안전담당자와 사업장의 안전보건문제를 기술적인 측면에서 상담지도 - 경우에 따라서는 현장에서 시정 지시하고 불가피할 시는 기계나 공구의 사용을 중단시킴
감독관 수	- 16개 주정부 소속 3,642명	- 전체 BG 2,978명
사업장 감독의 차이점	작업시간과 관계없이 수시 출입 가능	작업시간(08:00~15:00)에만 사업장 출입 가능(재해 발생 시는 제외)

자격 요건	- 정규대학에서 전문분야를 전공한 후 일정 기간 사업장 실무경력을 가진 자 - 약 6개월간의 이론교육 후 1년 6개월 이상 숙련 감독관의 동행 실습 - 논문 시험으로 자격 획득	- 이공계 대학 졸업 후 일반사업장의 전공분야에서 최소 5년 이상 유경험자 - 약 2년간 소관 분야 숙련 감독관과 실습 - 논문 시험으로 자격 획득

(출처: 한국산업안전보건공단)

이러한 특수한 구조로 인해 재해보험조합(BG)에서의 하위규정이 발달하여 상위의 법령인 법과 시행령을 세부적으로 보완하고 있다. 즉 법령에서 규정하기 힘든 기술적 기준은 독일공업규격(DIN) 등 전문적 기술단체에서 제정한 안전기준을 적용하고 있어, 법령의 제정에 있어 탄력적인 운영을 가져오고 모든 기술기준에 대한 법제화의 어려움을 보완하고 있다.

- 일본 -

일본은 유럽산업안전보건청(EU-OSHA)에서 1989년 제정한 산업안전 보건관리 기본지침(The Framework Directive 89/331/EEC)을 제정할 때부터 위험성 평가의 국제적인 흐름에 관해서 관심을 가지고 어떻게 진행되어 가는지 관심 깊게 관찰을 하고 있었다.

일본은 노동안전위생법(1972)를 기본으로 근로자의 인간존중이라는 기본적인 이념에 기초하여 직장에서 근로자가 안전과 건강을 확보하는 것, 쾌적한 작업환경 형성을 촉진하는 것을 목적으로, 노동 안전위생의 기본법이라 할 수 있다. 국내 산업안전보건법(1981)이 제정될 때 이를 참고로 하였으나 적용 범위 선정에서 일본은 모든 사업장을 대상으로 한 반면, 우리나라는 유해·위험의 정도, 사업의 종류·규모 및 사업의 소재지 등을 고려하여 사업의 일부를 적용하지 아니하는 예외 조항을 두고 시작하였고, 국내 사정에 맞지 않다 보니 초반에는 많은 문제점을 드러냈다.

당시 일본 노동성(당시에는 후생노동성과 합치기 전이었음)에서도 1999년 4월

노동안전위성 매니지먼트 시스템(Management System)에 대한 지침을 공표하여 '위험 또는 유해요인을 특별히 정하는 방법'의 하나로 사업장에서 위험성 평가를 실시하도록 권장한 것이 위험성 평가제도에 대한 일본 정부의 공식적인 첫 반응이었다.

유럽의 포괄적인 위험성 평가방식에 대해 검토를 하면서도 일본 노동 안전위생법 제3조에서 규정하고 있는 사업주의 의무는 유럽에서 규정하고 있는 포괄적이고 일반적인 사업주의 의무와는 약간 다르다.

일본의 노동 안전위생법에서는 사업주의 구체적인 의무를 제20조에서 제25조까지 구체적으로 명시하고 있으며, 제27조에서 구체적인 사항은 '후생노동성령(우리나라의 노동부령으로 '산업안전 기준에 관한 규칙' 및 '산업안전 보건기준에 관한 규칙'에 해당)에 구체적으로 정한다'라고 함으로써 사업주의 포괄적으로 규정하기보다는 명령·통제형 직접 규제방식을 취하고 있다.

우리나라의 산업안전보건법은 일본의 노동 안전위생법을 모델링하여 만들었으나 그 후 수차례 개정과 전부 개정을 거쳐 지금은 '안전보건관리체제', '위험성 평가의 실시' 등의 조항 등으로 포괄적 안전관리방식을 취하고 있다. 영국, 독일 등의 안전선진국에서 시작된 위험성 평가제도는 일본을 거쳐 우리나라에 전파되어 법적 근거로는 포괄적 안전관리 방식을 취하고는 있으나 실제는 여전히 일본처럼 명령-통제형 직접 규제방식으로 운영되고 있다고 볼 수 있다. 포괄적인 안전관리 방식이란 '사업주가 사업장의 유해·위험 요인을 파악하고 부상 또는 질병의 발생 가능성과 중대성을 추정, 결정하고 감소 대책을 수립하여 허용 가능한 한도까지 위험성을 낮추는 것'을 말한다.

이때 표준 안전 정책과 사업장의 특성에 맞는 정책 사이의 괴리를 해결하는 방안이 반드시 수반되어야 한다.(위의 독일은 재해보험조합(BG)에서 사업장의 특성에 맞는 시행규칙을 정할 수 있으며 사법적인 권한을 갖는다.)

우리나라는 여전히 취약 시기(동절기, 해빙기, 우기)가 되면 고용노동부, 한국안전보건공단에서 점검을 실시하는데 산업안전보건법 및 하위규정에 의거 사업장의 특성 및 특색은 고려하지 않고 표준을 준수하기 위한 처벌 위주의 점검만이 펼치고 있다.

이러다 보니 중대재해처벌법을 제정하고 사업주의 포괄적인 안전관리제도를 권장해도 일선 사업장에서는 사업장의 특성에 맞지 않거나 실제 작업과는 연계가 되지 않더라도 오직 점검 시 처벌을 면하기 위해 안전과는 거리가 먼 요식행위를 하는 경우를 자주 볼 수가 있다.

이는 산업안전보건법의 의무 주체와도 관련이 있는데 산업안전보건법을 위반하여 중대재해, 사고사망 재해가 발생하였을 때, 처벌할 수 있는 의무 주체는 '사업주(근로자를 사용하여 사업을 하는 자)'가 되지만, 건설업에서 대부분의 사업주는 현장대리인(현장소장)인 '안전보건관리책임자'가 된다. 그러다 보니 사고 발생 후 처벌은 '안전보건관리책임자'가 받게 되고 실제 사업주는 처벌과는 무관하게 되면서 안전보건관리, 품질관리보다는 공사 기간 단축을 통해 단기적인 이익 실현에만 관심을 쏟게 된다.

1950년대 독일의 사례처럼 국내에서도 '노가다', '막일' 등의 단어로 건설업을 칭하기도 하고, TV의 드라마에서 주인공이 사업, 프로젝트, 목표를 위해 노력하다 실패하면 그 다음 장면은 건설현장에서 모래나 벽돌 등을 운반하면서 재기를 꿈꾸는 장면 등이 심심치 않게 나왔다. 인생을 실패한 사람이 가는 곳이라는 식의 건설업을 폄하하는 우리 사회의 단면을 보여주는 장면이다.

5. 위험성 평가의 중점 사항

- 근로자의 참여 -

위험성 평가의 정의 중 '위험성 평가란 저감 대책을 통해 허용 가능한 한도까지 위험성을 낮추는 행위'라고 했다. 여기서 국내에서 위험성 평가를 실시하면서 '허용 가능한 한도'에 대해서 어떻게 판단을 하고 있는지 알아보도록 하자.

'허용 가능한 한도'란 다시 말하면 '허용되는 안전'이라고 할 수 있다. 위험성은 남아 있지만 이 정도의 위험성의 존재는 허용하여 안전이라고 하자는 것이다. 즉, 이것보다 큰 위험성은 허용되지 않는다고 판정하는 것이다.[10]

국제규격 ISO/IEC GUIDE 51에서 허용 가능한 위험성을 '그 시대의 사회의 일반적인 가치관을 기반으로 주어진 조건 하에서 받아들일 수 있는 위험성'이라고 정의하고 있다. 이는 '허용 가능한 위험성', '허용 가능한 한도'란 사회에 따라 상황에 따라 다르게 적용할 수 있다고 의미하는 것이다.

또 국제규격 ISO/IEC GUIDE 51에서 안전은 '수용할 수 없는 위험성이 없는 것 (freedom from unacceptable risk)'라고 표현하고 있다. 여기서 위험성이 수용 가능하다는 것은 위험이 아예 없는 것이 아니라 조금씩이라도 존재한다는 것을 의미한다. 결론적으로 안전하다고 하더라도 절대적으로 사고가 일어나지 않을 수는 없으며 사고는 어떤 경우라도 발생할 가능성이 있다는 것을 표현하고 있다.

국제규격에 보면 '허용 가능한 위험성(Tolerable Risk)'라는 단어와 '수용 가능한 위험성(Acceptable Risk)'란 단어가 나온다. 국제규격에서 이 두 가지의 위험성에 대해 명확히 구분되어 표현된 것은 아니지만 사업장에 적용을 하기 위해서

---

[10] 위험성결정/고용노동부 중부지방고용노동청/정진우

는 어느 정도의 판단 근거는 필요하다고 본다. 그럼 아래 〈표 8〉과 같이 두 단어를 통해 근로자의 참여와 허용 가능한 한도를 판단하는 부분에 대해 알아보도록 하자. 일단 'Tolerable, Acceptable' 란 단어를 인터넷 검색 사이트로 찾아보았다.

〈표 8〉 허용 가능한과 수용 가능한의 비교

영단어	해 석
Tolerable	미국식[tɑːlərəbl], 영국식[tɒlərəbl]발음듣 1. (썩 좋지는 않지만) 웬만큼 괜찮은, 웬만한 (=reasonable) 2. 참을 수 있는, 견딜 만한 (=bearable), (↔intolerable)
Acceptable	미국·영국[əkˈseptəbl] 1. (사회적으로) 용인되는[받아들여지는] 2. (수준 등이) 받아들일 수 있는[허용할 수 있는] 3. 그런대로 괜찮은

(출처: 네이버 영어사전)

여러 가지 해석이 나왔지만 Tolerable은 '참을 수 있는, 견딜 만한'이란 뜻이란 것을 Acceptable은 용인되는, '받아들일 수 있는' 이란 뜻이란 것을 알 수 있었다.

하지만 대부분의 사업장에서 '허용 가능한 위험'과 '수용 가능한 위험'을 판단하기 위해 고심하는 데에 대한 정량적인 설명으로는 부족하기에 아래의 〈그림 3〉을 다시 설명을 하도록 하겠다.

아래의 〈그림 3〉에서 사업장 특히 건설업에서는 작업을 시작함과 동시에 여러 가지의 위험성이 발생하게 된다. 이러한 위험성이 여러 가지가 모이면 'A. 수용 또는 허용 불가능한 위험성'이 되고 안전대책을 수립하면 'B. 허용 가능한 위험성'이 된다. 여기서 조금 더 저감 대책을 수립·실행하면 'C. 수용 가능한 위험성'이 되고 좀 더 저감 대책을 수립하면 위험성이 전혀 없어질 것 같지만 산업현장에서 위험성이 전혀 없어지는 경우는 아주 적거나 특이한 작업의 경우 부분적으로 존재할 수는 있지만, 건설업의 경우 이러한 경우는 거의 없다고 본다. 그러므로 'C.

수용 가능한 위험성'까지 저감 대책을 수립하여 작업을 시행하면 '무시할 수 있는 위험성'만 존재하기 때문에 안전하게 되는데, 대부분의 사업장이나 건설현장들은 경제적, 시간적인 이유로 'B. 허용 가능한 위험성'에서 작업을 시행하게 된다. 여기서 'B. 허용 가능한 위험성'에서 작업을 시행할 때 '잔류 리스크'가 필연적으로 남게 되는데, '잔류 리스크'가 있어도 작업이 '허용 가능하다'고 판단하게 되는 것은 누구의 몫이라고 생각하는가?

필자는 사업장 점검 또는 건설기술인들에게 강의하는 과정에서 이 부분에 대해서 인터뷰를 해보았더니 대부분 관리감독자, 안전보건관리자, 안전보건관리책임자들은 '관리감독자'라고 답을 하였다.

위험성 평가 제도는 2013년 6월에 제정되어 2014년 3월부터 지금까지 9년째 실시하고 있지만, 유럽에서와같이 노사가 참여하는 포괄적인 안전관리의 개념은 국내에서는 적용되지 않고 있다는 것을 알 수 있다. 지금의 위험성 평가는 관리감독자, 안전관리자들이 정기적으로 해야 하는 서류작업 정도로 인식되고 있다. 그러다 보니 '허용 가능한 한도'를 설정하는 과정에서 잔류 리스크가 있어도 작업이 허용 가능하다는 판단을 내리는 것은 이제까지는 관리감독자, 안전관리자들의 관행으로 인식을 하고 있는 것이다.

기본적으로 위험성 평가의 중요한 관점은 'B. 허용 가능한 위험성'에서 '잔류 리스크'가 있어도 작업이 허용 가능하다고 판단을 내리는 것은 사업장의 90% 이상의 인적 비율을 차지하고 있고, 대부분의 재해를 당하는 대상인 근로자의 입장을 중시하여 결정되어야 한다는 것이다.

이를 위해서 관리감독자, 안전보건관리자, 근로자(대표)는 협의와 회의를 통해 '허용 가능한 한도'에 대해서 결정을 내려야 한다. 〈표 8〉의 해석에서도 알 수 있듯이 단위사업장에서 발굴한 위험 요인에 대해 근로자(대표)가 참여하여(저감 대책에 대한 근로자의 의견을 들어) '잔류 리스크'가 있어도 「참을 수 있다, 견딜 만하다」고 판단될 때에야 비로소 'B. 허용 가능한 위험성' 단계에 들어갔다고 볼 수 있다는 것이다.

혹자는 근로자의 판단에 대해 전문적인 소견이 부족하다는 이유로 이견을 낼 수도 있지만 근로자들에게 위험 요인 도출과 저감 대책에 관한 판단을 맡기는 데에는 선진국의 사례를 보자면 2가지의 입장으로 볼 수 있다.

첫 번째는 어차피 위험성 평가를 실시하지 않았다면 사업장의 유해·위험 요인과 저감 대책에 대해서 인지하지 못했을 것이므로 실시하지 않은 것보다는 훨씬 나은 상황이라는 것이며, 두 번째는 위험성 평가의 최소 단위는 단위 작업장으로 1개 공정 단위만 생각했을 때 단위 작업장에서 발생할 수 있는 유해·위험 요인은 한정되어 있기 마련이다.

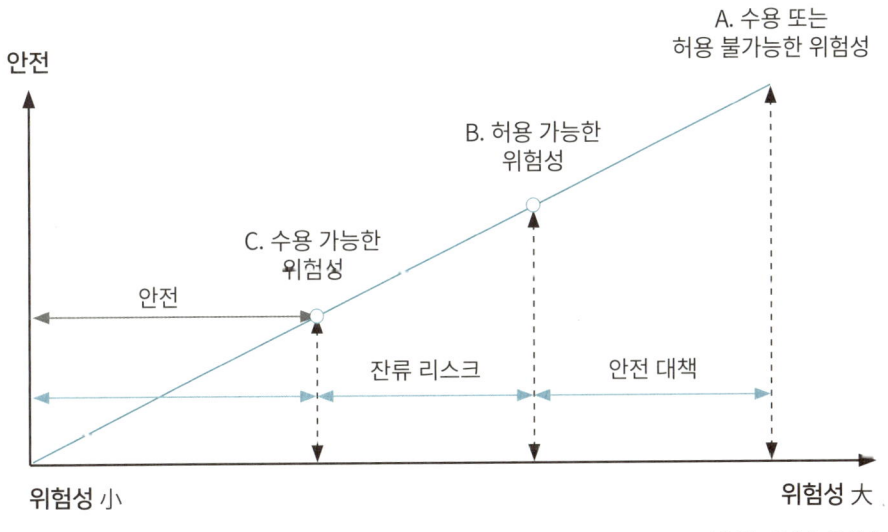

<그림 3> 허용 가능한 위험성과 안전

(출처: 고용노동부)

그렇다면 단위 작업장에서 일하는 근로자들은 자기들에게 일어날 수 있는 유해·위험 요인만 파악해서 관리하면 되므로 일정 시간이나 일정 횟수의 위험성 평가를 실시하면 단위 작업장의 유해·위험 요인은 대부분 개선이 될 수 있다는 것이다. 그러므로 'B. 허용 가능한 위험성'의 1차 판단을 근로자가 '견딜 수 있다'라고 '허용 가능한 위험'에 대해서 판단을 내리게 되면 그다음은 관리감독자, 안전보건관리자 등이 단위사업장과 단위 사업장의 공정 연계성에 대해서 고민하여야 하며 공정이 충돌될 때의 공학적, 관리적 해결 방안에 대해서 조율하는 것이 위험성 평가를 순차적인 진행 순서가 될 것이다.

- ALARP의 원칙-

「ALARP」의 원칙이란 영국에서 원자로 사고의 안전 목표의 설정 등에 채택되는 방식인데 산업안전을 포함한 여러 분야의 안전에서 허용 가능한 위험성의 판단을 할 때 어느 정도로 위험성을 내려야 할 것인지의 지침으로 많이 쓰이는 방식이다.

<그림 4> 허용가능한 위험성과 ARALP의 원칙

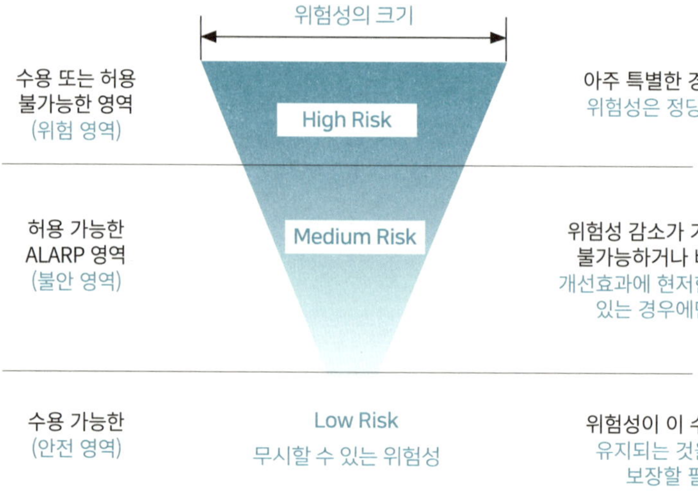

수용 또는 허용 불가능한 영역 (위험 영역)	High Risk	아주 특별한 경우 외에 위험성은 정당화 불가
허용 가능한 ALARP 영역 (불안 영역)	Medium Risk	위험성 감소가 기술적으로 불가능하거나 비용 대비 개선효과에 현저한 불균형이 있는 경우에만 허용
수용 가능한 (안전 영역)	Low Risk 무시할 수 있는 위험성	위험성이 이 수준으로 유지되는 것을 계속 보장할 필요

(출처: 고용노동부)

ALARP란 「As Low As Reasonably Practicable」의 약어로 '합리적으로 실행 가능한 수준으로 낮춘다'는 것을 의미한다. 〈그림 4〉를 보면 위로 갈수록 위험성이 커지게 되고, 아래로 내려올수록 '위험 영역', '불안 영역', '안전 영역'의 순으로 분포가 된다. 이때 '위험 영역'과 '안전 영역'사이가 일반적으로 ALARP의 영역이라고 부른다. 물론 수용 또는 허용 불가능한 영역은 특별한 경우를 제외하고는 위험성이 정당화되지 않는 영역이다.[11]

하지만 여기서 '합리적으로 실행 가능한 경우', 가능한 한 위험성을 낮추는 조치를 하여야 하게 되는데, '위험성의 감소가 불가능하거나 위험성 개선의 비용이 개선 효과에 비하여 현저한 불균형이 있는 경우'에는 합리적으로 ALARP 영역 내에서 위의 수용 또는 허용 불가능한 영역의 근처에 머무는 것이 허용된다.

- 위험성 평가의 저감 대책 수립 시 기본 원칙 -

위험성 평가에서 저감 대책 수립 시 기본 원칙이 있다.

1. 위험성 평가의 근본 목적은 위험성(Risk)을 없애는 데 있다.
2. 위험성 감소 대책은 위험성의 크기가 높은 유해 위험 요인부터 근원적으로 없애는 대책을 가장 우선적으로 적용하여야 한다.
3. 한정된 재원을 가지고 개선이 이루어지므로 모든 위험성이 제거되는 것은 아니다. 따라서 남아있는 위험성에 대하여는 근로자를 대상으로 교육, 게시, 주지 등의 방법으로 알려야 한다.
4. 법규 위반 및 긴급한 위험이나 급성독성 및 CMR 화학물질, 방사선 등에 대하여는 우선적으로 개선이 이루어져야 한다.
5. 위험 요인과 유해요인을 모두 포함하여 작업별·공정별로 위험성 평가가 이

---

[11] 위험성결정/고용노동부 중부지방고용노동청/정진우

루어져야 하며, 근골격계 부담작업 및 화학물질 등은 전문화하여 별도로 실시하여야 한다.
6. 노·사가 협력하여 위험성 평가에 참여하여야 한다.
7. 건설업 및 정비·보수 등의 일부 작업에 대하여는 위험성 평가를 사전에 실시하여야 한다.

위험성 평가에 대하여 교육받을 때 제일 처음 배우는 부분인데, 필자는 위험성 평가에 대하여 깊이 연구하고 강의를 할수록 이 기본 원칙에 모든 것이 다 들어있는 것을 느끼게 된다. 그중 1, 2번의 경우 가장 중요한 부분인데도 대부분 사업장에서 이를 간과하고 있는 게 국내의 큰 문제점이다. "위험성 평가의 근본 목적은 위험성을 없애는 데 있다"라는 말은 위험성 평가를 실시하고 저감 대책을 수립 시 본질적인 제거가 가장 좋은 방법이라고 제시하고 있다. 〈그림 5〉의 저감 대책 수립 시 우선 순위를 보면 '본질적 대책'과 '공학적 대책'이 우선순위라는 것을 알 수 있다. 위험성에 대해 위험성을 아예 없애거나 기술적으로 대처해야 위험성이 감소한다는 것을 얘기한다.

발주처의 자문위원으로 사업장의 품질·안전점검을 실시할 때 사업장을 방문하게 되면 위험성 평가 서류의 실시, 이행 여부에 대해 점검을 하게 된다. 이때 대기업, 중소기업을 막론하고 국내의 위험성 평가 저감 대책은 대부분 관리적 대책 위주로 실시하는 경우가 많다. 이러한 경우 최근 6개월~1년 사이의 위험성 평가 서류의 내용이 매월, 매회 똑같으며 위험성이 개선되지 않은 것을 알 수 있다.

이러한 이유는 위험성을 제거하거나 기술적인 개선을 실시하지 않기 때문이다. 즉 위험성이 개선되지 않고 관리적인 대책을 실시함으로써 허용 가능한 위험으로 유지되는 것을 알 수 있다. 관리적인 대책이 나쁘다고는 할 수 없으나 일반적으로 국내 건설업에서는 쓰이는 관리적인 대책은 '신호수 배치, 작업지휘자 배치, 위험구간 설정, 불안전한 행동에 대한 관리감독' 등으로 상시 유지 관리되어야 하는 것들이다. 이마저도 실제 사업장에서는 1회 성에 그치는 경우가 많아 형식적인 저감 대책에만 그치기 때문이다.

위험성이 제거되지 않는 다른 경우는 최근 국내에서 안전에 대한 필요성에 대해 다양한 목소리가 나오고는 있지만, 안전에 대한 우려만으로 위험의 제거 및 기술적 개선을 위한 설계변경, 내역 변경을 해주는 발주처가 드물다는 데서 찾을 수 있다. 이러다 보니 안전에 대한 요구가 실현성 없는 메아리로 끝나기 일쑤고, 위험성 평가의 기본 원칙 중 1, 2번을 지키기가 힘들어지고 있다.

<그림 5> 저감대책 수립 시 우선 순위

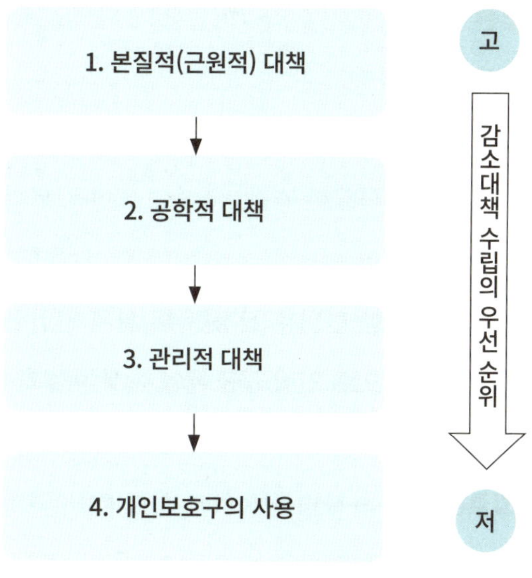

1. 본질적(근원적) 대책
2. 공학적 대책
3. 관리적 대책
4. 개인보호구의 사용

감소대책 수립의 우선 순위: 고 → 저

(출처: 한국산업안전보건공단)

6. 안전보건문화

필자의 집 앞에 6차선 도로가 있다. 중앙 2차선은 버스 전용차선이며 양 끝의 2차선은 양방향으로 일반차선이다. 가끔 저녁을 먹고 6차선 도로를 건너기 위해 서 있으면, 버스에서 내린 승객들이 2차선 도로를 건너기 위해 기다리곤 하는데, 오후 8~10시의 지방도로는 한산해서 차가 없는 경우가 많다. 2차선이라면 약 8M 정도로 10걸음 정도면 건널 수가 있어서 몇몇 분들은 서로 눈치를 보다 한 분이 건너기 시작하면 우르르 모두 무단횡단을 해버리곤 한다.

안전보건문화란 집단지성이 형성되는 것을 의미하는 것으로 정부의 처벌정책 한두 개 또는 몇 명의 관리감독자가 방향을 제시한다고 해서 이루어질 수 있는 것이 아니다. 다수의 구성원들이 집단학습을 통해 상호작용을 통해서 점진적으로 형성되는 것이 안전문화라고 할 수 있다.

중대재해처벌법이 시행되고 안전보건경영시스템, 위험성 평가가 시작되었다고 하루 이틀 만에 모든 것이 변화할 수 있는 것은 아니다. 하지만 기존의 명령-규제형의 처벌 위주의 안전정책에서 목표를 설정하고 사업주의 포괄적인 안전정책에 대한 방향으로 세계는 변화하고 있다. 이는 어제 오늘의 이야기가 아니고, 유럽에서는 50년간의 시간을 가지고 정책으로 문화로 변모해나갔던 것이며 이로 인해 안전선진국으로서의 좋은 사례를 우리에게 보여주고 있다.

위험성 평가가 시작된 지 약 10년, 중대재해처벌법이 시작된 첫 해로서 문화로 정착하기까지는 아직 시간이 필요한 듯해 보인다. 유교적 문화가 뿌리 깊은 우리에겐 아직 명령·규제형의 안전정책에 익숙하지만 이제는 사업주의 자발적인 안전정책을 다양한 사업장에 정착시키는 것이 필요하다.

지금은 위험성 평가라는 기법으로 이를 강조하고는 있지만, 이 방법이 중요한 것이 아니라 이를 시행하고자 하는 사업주, 관리감독자, 안전관리자, 근로자 등 모든 구성원이 이에 대해 이해하고 적극적으로 동참하는 것이 더욱 중요하다고 할 수 있다.

김 곤 묵(金 坤 黙)

<주요 학력>
청주대학교 건축공학과 공학박사 졸업

<소속>
㈜포스트구조기술

<주요 경력>
국가건설기준위원 및 집필위원(가설분야), 서울특별시 건설기술심의위원
서울특별시 도시기반시설본부, 화성시, 군포시 안전자문위원
국토안전관리원, LH, K-WATER, 한국도로공사, 인천국제공항공사 안전자문위원
국가기술자격 정책심의위원회 세부직무분야별 전문위원회 위원(건축건식시공분야)
한국건설안전학회 가설안전위원회 위원장

<강의 활동>
신성대학교 외래교수
국토안전관리원 해체공사 감리자 교육과정, 고용노동부 및 행복청 담당 공무원 대상 가설공사 안전관리
건설사업관리기술인 안전전문화 과정
포스코건설, 한화건설, 태영건설, CJ대한통운 건설부문 등 가설공사 안전관리
공연장 안전지원센터 가설구조물 안전관리

<저서 및 논문>
가설학 개론(원창출판사, 2018)
가설공사 관련법령 및 산업안전보건법(원창출판사, 2018)
고강도 경량 시스템동바리의 현장적용을 위한 구조성능평가(대한건축학회연합논문집, 2019)

<수상 이력>
재난안전관리 유공 상장(경기도지사, 2016)
감사패(한국시설안전공단 이사장, 2017)

중대재해처벌법

Chapter 3

기본에 기본을 더하다
건설공사 참여자가 알아야 할
가설공사 관련 법의 이해

김곤묵

Ⅰ. 가설 공사의 중요성 바로 알기
Ⅱ. 가설공사의 안전성확보는 관련법의 이해부터 시작
   1. 근로자의 자격 요건
   2. 가설기자재 품질관리 기준
   3. 가설구조물 설계 기준
   4. 가설구조물 시공 기준
   5. 가설구조물 검토·확인
Ⅲ. 기본에 기본을 더하기 위한 제안

Ⅰ. 가설 공사의 중요성 바로 알기

가설관련 재해는 해마다 발생하고 있으며, 전체 건설재해의 50% 이상을 차지할 만큼 그 비중은 크다. 이와 더불어 가설공사는 목적물의 안전과 품질을 좌우하는 중요한 역할을 하기 때문에 소홀함이 없어야 한다. 이에 따라 가설공사는 목적물을 완성하기 위한 하나의 수단이 아니라 중점 관리해야 할 공종으로 인식을 전환해야 한다.[1]

<그림 1> 가설공사 중 사고 현장

국토교통부 건설안전정보시스템(현, 건설공사 안전관리 종합정보망)에 등록된 6년간(2011~2016) 발생된 건설재해는 총 251건이 발생하였으며, 이 중에서 가설공사와 관련된 재해는 〈표 1〉과 같이 51건으로 조사되었다. 사고 원인별 내용은 대부분 안전수칙 미 준수, 설계 오류 및 시공 미흡, 관리감독 소홀이 원인으로 분

석되었다. 건설환경과 건설공법은 하루가 다르게 급변하고 발전하는데 비해 가설공사 관련 사고는 예전이나 지금이나 다름없이 동일한 원인에 의해 발생하고 있다.[2],[3] 건설사고가 발생하면 정부, 지자체 및 관련단체에서는 재발 방지대책을 수립하는 데 노력을 기울인다. 특히 새로운 제도 및 기준 제정 등의 대안을 접하게 되는데 가설공사 관련법과 기준은 현재로서도 충분하다. 다만, 이와 관련된 법령과 기준이 있는지조차 모르고, 알고 있다 하더라도 제대로 이해하지 못하는 것이 문제인 것이다.

<표 1> 가설공사 사고 원인 분석 결과

사고 원인별	사고 내용별	사고 건수
재료	재료 불량	0
설계	구조검토 및 조립도 미작성	8
시공	시공 부실	17
관리	안전조치 미실시	12
	안전규정 미준수	9
기초안전	불안전한 행동	5
합 계		51

본고에서는 반복 발생하고 있는 가설 관련 사고의 원인을 사전에 예방하기 위한 근본적 대책으로 가설관련법과 기준을 다음과 같이 소개하고자 한다.

Ⅱ. 가설공사의 안전성확보는 관련법의 이해부터 시작

가설관련 법과 기준은 가설구조물을 조립·해체하는 근로자의 자격, 가설구조물을 구성하는 가설기자재, 가설구조물 안전성 확보를 위한 설계, 시공 및 검토 확인 등으로 분류하여 기술하였다.

1. 근로자의 자격 요건

가설공사는 사람의 손이 닿지 않으면 안 될 정도로 근로자의 역할이 무엇보다 중요하다. 그럼에도 불구하고 3D업종에 속하다 보니 젊은 층이 취업을 꺼려 하고 그에 따라 근로자의 고령화와 더불어 외국인 근로자가 급속도로 증가하고 있다. '건설산업의 지속 가능성과 국민의 안전을 위해 청년층 진입 촉진 및 숙련인력 육성 시급' 연구보고서(한국건설산업연구원, 2016)에 따르면 건설재해원인 중의 하나가 숙련기능공의 부족이라고 언급한 바가 있다.[4]

우리는 어떤 행위를 하기 위해 반드시 갖추어야 할 자격을 요구받는다. 자동차 운전을 한다던가 의료행위를 할 때 면허증을 취득해야 그 행위를 할 수 있다. 면허가 없어도 운전은 할 수 있지만 법적 규범으로부터 자유로울 수는 없다. 즉, 법적 규범이란 약속을 만들어 놓고 그 범주 내에서 합법적으로 행위를 할 수 있는 제도이다.

산업안전보건법 제140조(자격 등에 취업 제한)에서는 자격·경험·면허를 가진 자만이 해당 유해위험작업을 할 수 있다고 명확히 규정하고 있다. 여기서 '자격자'라 함은 기능사 또는 유해위험작업의 취업제한에 관한 규칙에서 정하는 자격교육을 이수한 자를 의미하며, '경험'이라 함은 경력 3개월 이상을 의미한다.

<그림 2> 거푸집동바리 작업 현황

그러나 건설현장에서는 이러한 자격 등을 갖춘 자를 찾아보기란 결코 쉽지 않다. 법은 있으나 실행되지 않고 행정감독은 전혀 이루어지지 않고 있다. 또한 기능공의 경우 건설기술자와 같이 경력관리를 해주는 제도적 장치가 없어 경험을 증명할 수 없는 실정이다. 건설근로자의 고령화와 더불어 젊은 근로자의 취업 기피로 숙련기능공이 점차 사라지면서 건설재해도 증가하는 추세이므로 숙련기능공의 양성과 처우개선이 시급한 실정이다.

<표 2> 국내 가설 관련 자격 현황

유해·위험작업의 기능습득교육	국가기술자격	비고
거푸집의 조립 또는 해체	거푸집기능사	
비계의 조립 또는 해체	비계기능사	
흙막이 지보공 조립 및 해체	-	

2. 가설기자재 품질관리 기준

본 구조물의 안전과 품질을 확보하기 위해서는 가설기자재의 품질관리가 전제되어야 한다. 가설기자재는 생산, 유통, 임대 및 사용단계별로 관리의 주체가 다르기 때문에 관리에 있어 어려움이 많은 게 사실이다.

<그림 3> 가설기자재 품질관리체계 및 실태

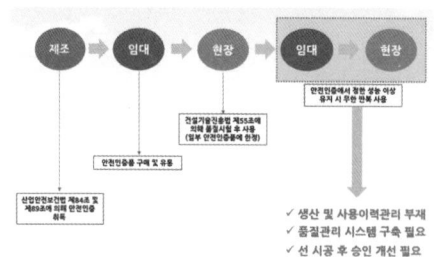
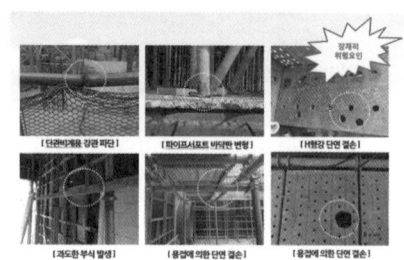

본 절에서는 가설기자재 각 단계별 품질 관련법과 기준을 알아보기로 한다. 가설기자재는 〈표 3〉과 같이 산업안전보건법 제84조(안전인증) 및 제89조(자율안전확인의 신고)에 의해 안전인증대상과 산업표준화법에 의한 임의인증대상으로 구분된다. 대부분의 가설기자재는 안전인증을 취득하고 있는 반면 한국산업표준(KS)인증을 취득한 제품은 2종에 불과한 실정이다. 이는 가설기자재를 생산·유통하기 위해서는 반드시 산업안전보건법에 의한 안전인증을 취득해야 하며, 사용자 또한 안전인증을 취득한 제품을 사용해야 하기 때문이다.

<그림 4> 제품 표시사항 및 표시 예

가. 형식 또는 모델명 나. 규격 또는 등급 등 다. 제조자명 라. 제조번호 및 제조년월 마. 안전인증번호(또는 자율확인번호) 바. 기타(해당 시) ※ 가설기자재의 경우 최소한의 정보 　(안전인증마크, 제조자명, 제조시기 등)를 　제품에 각인	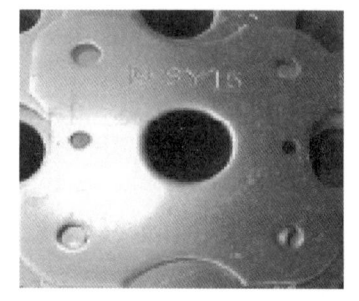
표시사항	파이프서포트 안전인증마크 표시 예

그러나 <표 3>에 언급된 가설기자재 이외 거푸집, 거푸집 긴결재, 잭서포트, 가설벤트, 복공판, 까치발, 흙막이판, 간이흙막이판 및 가설흙막이 지보공에 대해서는 제품인증에 대한 규정이 마련되어 있지 않은 실정이다.

<표 3> 안전인증대상

연번	대 상		연번	대 상	
1	파이프서포트		22	조임철물	클램프
2	틀형 동바리용 부재	주틀	23		철골용 클램프
3		가새재	24	이동식 비계용 부재	주틀
4		연결조인트	25		발바퀴
5	시스템 동바리용 부재	수직재	26		난간틀
6		수평재	27		아웃트리거
7		가새재	28	받침철물	조절용 받침철물
8		트러스	29		피벗형 받침철물
9		연결조인트	30	조립식 안전난간	
10	강관 비계용 부재	강관 조인트	31	선반지주	
11		벽연결용 철물	32	단관비계용 강관	
12	틀형 비계용 부재	주틀	33	고정형 받침철물	
13		교차가새	34	달기체인	
14		띠장틀	35	달기틀	
15		연결조인트	36	방호선반	
16	시스템 비계용 부재	수직재	37	엘리베이터 개구부용 난간틀	
17		수평재	38	측벽용 브래킷	
18		가새재	39*	강제 틀 합판 거푸집	
19		연결조인트	40*	거푸집 긴결재	
20	작업발판	작업대	41*	흙막이 판	
21		통로용작업발판	42*	리프트 승강구 안전문	

주1) * : 안전인증대상에는 포함되어 있지 않은 KS인증대상

가설기자재는 반복해서 재사용되는 제품으로 사용 전, 중, 후의 품질관리는 매우 중요하다. 2003년부터 재사용되는 가설기자재의 품질은 고용노동부 행정지침에 의해 관리되고 있었으나 2017년 5월 31일 자로 폐지되었다. 그 대안으로 2016년 7월 건설기술진흥법 시행규칙 제47조(품질관리계획 등을 수립할 필요가 없는 건설공사) 제2호 가설물설치공사가 삭제됨에 따라 가설기자재에 대해서도 반입 시 품질시험을 수행하여 공사감독자의 승인을 받아 사용하도록 하였다. 이 제도는 2017년 7월 1일부터 시행되고 있으며, 「건설공사 품질관리 업무지침」에서 상세히 규정하고 있다.

<표 4> 건설기술진흥법 시행규칙 제49조 제2호 관련

변경 전	변경 후	비고
제49조(품질관리계획 등을 수립할 필요가 없는 건설공사)영 제89조제3항 본문에서 "국토교통부령으로 정하는 건설공사"란 다음 각 호의 공사를 말한다. 1. 조경식재공사 2. 가설물 설치공사 3. 철거공사	제49조(품질관리계획 등을 수립할 필요가 없는 건설공사) 영 제89조제3항 본문에서 "국토교통부령으로 정하는 건설공사"란 다음 각 호의 공사를 말한다. 1. 조경식재공사 2. 삭제 〈2016.7.4.〉 3. 철거공사 [시행일 : 2017.7.1.] 제49조제2호	

(출처 : 국가법령정보센터)

한국산업안전보건공단에서는 가설기자재의 성능 유지를 위하여 재사용 가설기자재 성능기준에 관한 지침(KOSHA-C-25-2018)을 개정하였으며, 산업안전보건법 제84조(안전인증) 및 제89조(자율안전확인의 신고)에 따라 합격 또는 신고된 가설기자재를 1회 이상 사용하였거나 신품이라도 장기간의 보관 등으로 강도 저하의 우려가 있는 가설기자재에 적용하도록 하고 있다. 이 안전보건기술지침(KOSHA-GUIDE)은 법령에서 정한 최소한의 수준이 아니라, 좀 더 높은 수준의 안전보건 향상을 위해 참고할 광범위한 기술적 사항에 대해 기술하고 있으며, 사업장의 자율적 안전보건 수준 향상을 지원하기 위한 것으로 법적 구속력은 없다.

<표 5> 가설기자재 품질관리 기준

구분	신품 가설기자재 품질관리 기준		재사용 가설기자재 품질관리 기준		
	안전인증	KS인증	재사용가설기자재 자율등록제	가설기자재 품질관리	재사용 가설기자재 성능기준에 관한 지침
근거	산업안전보건법 제84조 및 제89조	산업표준화법	고용노동부 행정지침	건설기술진흥법 시행규칙 제49조	안전보건기술지침(GUIDE)
시행	시행 중	시행 중	폐지	시행 중	시행 중
법적 효력	강제	자율	자율	강제	자율
내용 참고	국가법령정보센터	국가표준인증 통합정보시스템	고용노동부	국토교통부	안전보건공단

3. 가설구조물 설계 기준

가설구조물의 안전성과 목적물의 품질을 확보하기 위해서는 가설구조물 종류 및 용도에 따라 작용하는 하중을 고려하여 구조설계에 반영하는 것이 중요하다. 가설관련 사고는 설계자의 가설구조물 이해 부족으로 가설하중의 누락, 잘못된 설계하중 산정 및 하중재화의 오류 등 설계 결함에 의해 발생하고 있다.

이러한 문제점을 해소하기 위해서 관련법을 대대적으로 정비하였으며, 고용노동부에서는 건설공사 중에 가설구조물의 붕괴 등 재해 발생 위험이 높다고 판단되는 경우 전문가의 의견을 들어 건설공사를 발주한 도급인에게 설계변경을 요청할 수 있도록 하였고, 국토교통부에서는 설계자가 설계 단계에서부터 가설구조물 구조검토를 실시하도록 의무화하였으며, 시공자가 시공 전에 주요 가설구조물에 대해 전문가에게 구조적 안전성 확인을 의무화하였다.

또한, 안전관리계획 수립 대상에도 구조검토 의무화 대상 가설구조물을 포함하도록 하였다. 가설구조물 구조 안전성 검토 의무화하기 앞서 국토교통부에서는 2014년 8월 가설공사표준시방서를 설계편과 시공편으로 구분하여 개정함으로써 가설구조물의 설계 기준을 최초로 정립하였다.

2016년 6월 30일 자로 건설기준이 코드체계로 전환되면서 가시설물 설계기준으로 명칭이 바뀌었으며, 기존 설계 기준 및 표준시방서는 2017년 12월 31일 자로 폐지되어 2018년부터는 건설기준 코드가 전면 시행되고 있다.

<그림 5> 국가건설기준코드의 목적 및 구성

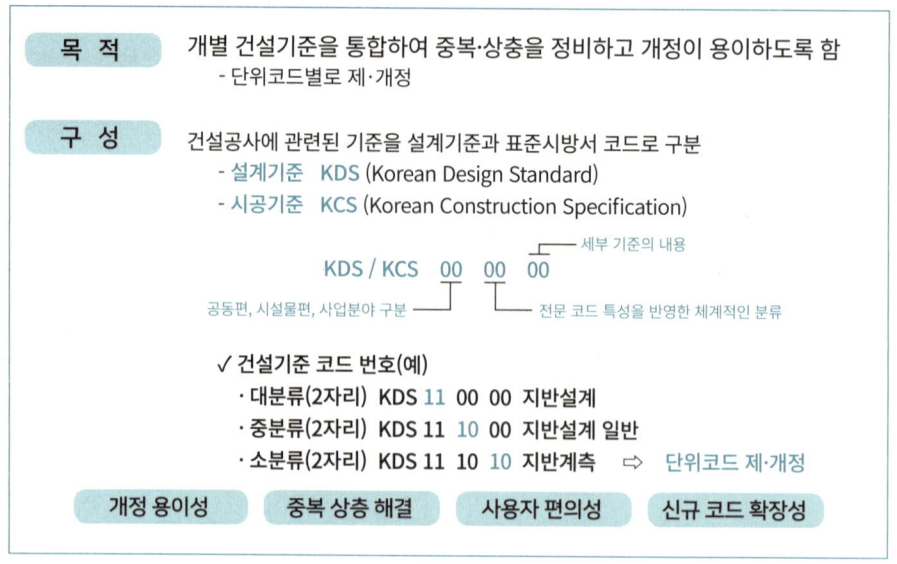

(출처 : 국가건설기준센터)

① 가설구조물 설계변경 요청

시공자는 건설공사 중 가설구조물의 붕괴 등 위험이 높다고 판단되는 경우 전문가의 의견을 들어 발주기관에게 설계변경을 요청할 수 있으며, 설계변경을 요청받은 발주기관은 특별한 사유가 없으면 이를 반영하여 설계를 변경하여야 한다.

> 산업안전보건법 제71조(설계변경의 요청)
> ① 건설공사의 수급인(해당 공사를 최초로 도급받은 자를 말한다. 이하 이 조에서 같다)은 건설공사 중에 가설구조물의 붕괴 등 재해 발생 위험이 높다고 판단되는 경우에는 전문가의 의견을 들어 건설공사를 발주한 도급인(설계를 포함하여 도급하는 경우는 제외한다. 이하 이 조에서 같다)에게 설계변경을 요청할 수 있다. 이 경우 재해 발생 위험이 높

다고 판단되는 경우 및 수급인이 의견을 들어야 하는 전문가에 관하여 구체적인 사항은 대통령령으로 정한다.

산업안전보건법 시행령 제58조(설계변경 요청 대상 및 전문가의 범위)
① 법 제29조의3제1항 후단에 따른 재해 발생 위험이 높다고 판단되는 경우는 다음 각 호의 어느 하나에 해당하는 구조물을 설치(설치되어 있는 경우를 포함한다)·운용할 때 해당 구조물의 붕괴·낙하 등 재해 발생의 위험이 높은 경우로 한다.
1. 높이 31미터 이상인 비계(飛階)
2. 작업발판 일체형 거푸집 또는 높이 5미터 이상인 거푸집 동바리
3. 터널의 지보공(支保工) 또는 높이 2미터 이상인 흙막이 지보공
4. 동력을 이용하여 움직이는 가설구조물

산업안전보건법 시행규칙 제88조(설계변경의 요청 방법 등)
① 법 제29조의3제1항에 따라 수급인이 설계변경을 요청할 때에는 별지 제9호의2서식의 건설공사 설계변경 요청서에 다음 각 호의 서류를 첨부하여 도급인에게 제출하여야 한다.
1. 설계변경 요청 대상 공사의 도면
2. 당초 설계의 문제점 및 변경 요청 이유서
3. 가설구조물의 구조계산서 등 당초 설계의 안전성에 관한 전문가의 검토 의견서 및 그 전문가(전문가가 공단인 경우는 제외한다)의 자격증 사본
4. 그 밖에 재해 발생의 위험이 높아 설계변경이 필요함을 증명할 수 있는 서류

② 설계도서 작성 시 가설구조물 구조검토 의무화

설계자가 설계도서를 작성할 때에는 구조물(가설구조물을 포함한다)에 대한 구조검토를 하여야 하며, 각 발주청에서 발주되는 토목공사 중 도로, 철도, 지하철, 공항, 댐, 하천, 항만공사의 설계용역에 적용한다.

건설기술진흥법
제48조(설계도서의 작성 등)
⑤ 건설기술용역업자는 설계도서를 작성할 때에는 구조물(가설구조물을 포함한다)에 대한 구조검토를 하여야 하며 그 설계도서의 작성에 참여한 건설기술자의 업무 수행내용을 국토교통부장관이 정하는 바에 따라 적어야 한다. 설계도서의 일부를 변경할 때에도 같다. 〈개정 2015.1.6.〉

③ 시공 전 가설구조물 구조적 안전성 확인 의무화

시공사는 시공 전 건설기술진흥법 시행령 제101조의2(가설구조물 구조적 안전성 확인)에 따라 관계전문가에게 구조적 안전성 확인을 의무화하고 있으나, 설계자의 가시설 설계 기준 이해 부족 및 자의적 판단 등으로 오류가 발생되어 가설구조물 사고의 잠재적 원인으로 작용하고 있다.

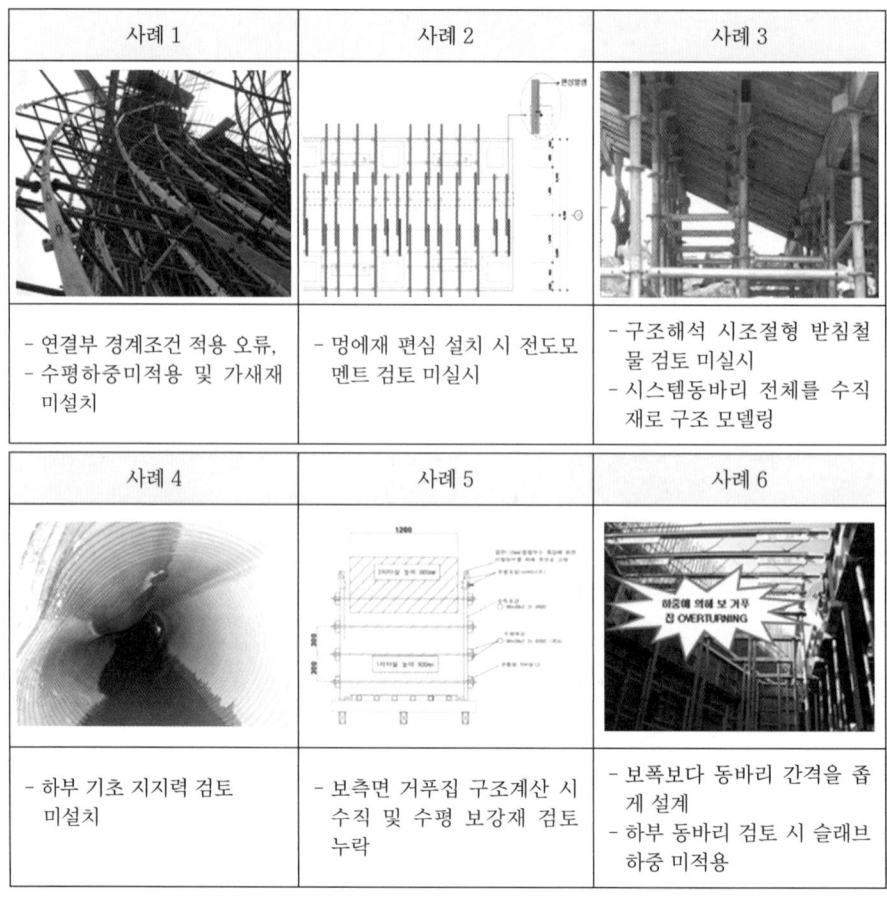

<그림 6> 거푸집 동바리 구조설계오류 사례

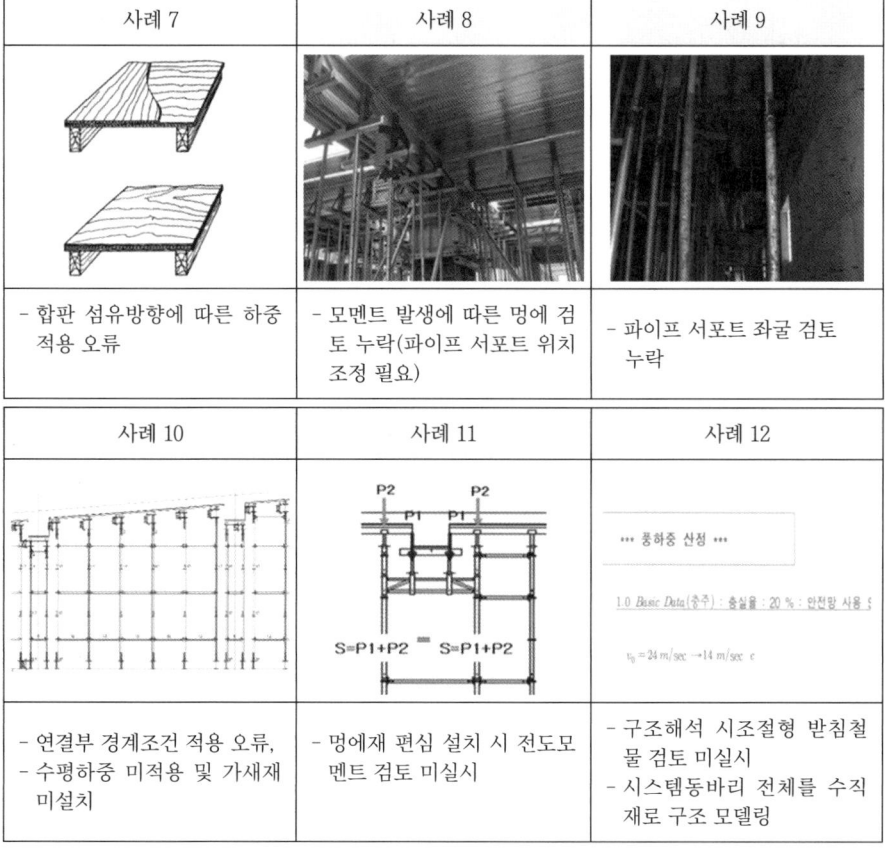

사례 10	사례 11	사례 12
- 연결부 경계조건 적용 오류, - 수평하중 미적용 및 가새재 미설치	- 멍에재 편심 설치 시 전도모멘트 검토 미실시	- 구조해석 시 조절형 받침철물 검토 미실시 - 시스템동바리 전체를 수직재로 구조 모델링

「건설기술진흥법」

제62조(건설공사의 안전관리)

⑦ 건설사업자 또는 주택건설등록업자는 동바리, 거푸집, 비계 등 가설구조물 설치를 위한 공사를 할 때 대통령령으로 정하는 바에 따라 가설구조물의 구조적 안전성을 확인하기에 적합한 분야의 「국가기술자격법」에 따른 기술사(이하 "관계전문가"라 한다)에게 확인을 받아야 한다. 〈신설 2015.1.6.〉

⑧ 관계전문가는 가설구조물이 안전에 지장이 없도록 가설구조물의 구조적 안전성을 확인하여야 한다. 〈신설 2015.1.6.〉

「건실기술진흥법 시행령」

제101조의2(가설구조물의 구조적 안전성 확인)

① 법 제62조제7항에 따라 건설업자 또는 주택건설등록업자가 같은 항에 따른 관계전문가(이하 "관계전문가"라 한다)로부터 구조적 안전성을 확인받아야 하는 가설구조물은 다

음 각 호와 같다. 〈개정 2019. 6. 25., 2020. 1. 7., 2020. 5. 26.〉
1. 높이가 31미터 이상인 비계
1의2. 브라켓(bracket)비계
2. 작업발판 일체형 거푸집 또는 높이가 5미터 이상인 거푸집 및 동바리
3. 터널의 지보공(支保工) 또는 높이가 2미터 이상인 흙막이 지보공
4. 동력을 이용하여 움직이는 가설구조물
   4의2. 높이 10미터 이상에서 외부 작업을 하기 위하여 작업발판 및 안전시설물을 일체화하여 설치하는 구조물
   4의3. 공사현장에서 제작하여 조립·설치하는 복합형 가설구조물
5. 그 밖에 발주자 또는 인·허가기관의 장이 필요하다고 인정하는 가설구조물

② 관계전문가는 「기술사법」에 따라 등록되어 있는 기술사로서 다음 각 호의 요건을 갖추어야 한다.
1. 「기술사법 시행령」 별표 2의2에 따른 건축구조, 토목구조, 토질 및 기초와 건설기계 직무 범위 중 공사감독자 또는 건설사업관리기술인이 해당 가설구조물의 구조적 안전성을 확인하기에 적합하다고 인정하는 직무 범위의 기술사일 것
2. 해당 가설구조물을 설치하기 위한 공사의 건설사업자나 주택건설등록업자에게 고용되지 않은 기술사일 것

③ 건설사업자 또는 주택건설등록업자는 제1항 각 호의 가설구조물을 시공하기 전에 다음 각 호의 서류를 공사감독자 또는 건설사업관리기술인에게 제출해야 한다. 〈개정 2018. 12. 11., 2020. 1. 7.〉
1. 법 제48조 제4항 제2호에 따른 시공상세도면
2. 관계전문가가 서명 또는 기명날인한 구조계산서[본조신설 2015. 7. 6.]

④ 안전관리계획수립 대상 가설구조물 구조검토 대상 포함 의무화

건설기술진흥법 시행령
제98조(안전관리계획의 수립)
① 법 제62조제1항에 따른 안전관리계획(이하 "안전관리계획"이라 한다)을 수립하여야 하는 건설공사는 다음 각 호와 같다. 이 경우 원자력시설공사는 제외하며, 해당 건설공사가 「산업안전보건법」 제42조에 따른 유해·위험 방지 계획을 수립하여야 하는 건설공사에 해당하는 경우에는 해당 계획과 안전관리계획을 통합하여 작성할 수 있다. 〈개정 2016.1.12., 2016.5.17., 2016.8.11.2018.1.16., 2019.12.24., 2021. 1.5.〉 5의2. 제101조의2제1항 각 호의 가설구조물을 사용하는 건설공사

⑤ 가시설물 설계기준코드(KDS, Korea Design Standard)

가시설물 설계기준코드는 〈표 6〉과 같이 대분류 코드 "21 00 00"의 하위 항목으로 5개의 중분류로 구성되며, 자세한 내용은 국가건설기준센터(www.kcsc.re.kr)에서 확인할 수 있다.

<표 6> 가시설물 설계 기준코드 구성

코드번호			코드명
21	00	00	가시설물 설계 기준
	10	00	가시설물 설계 일반사항
	30	00	가설흙막이 설계 기준
	45	00	가설교량 및 노면복공 설계 기준
	50	00	거푸집 및 동바리 설계 기준
	60	00	비계 및 안전시설물 설계 기준

⑥ 안전보건기술지침(KOSHA-GUIDE)

가설구조물 설계와 관련된 안전보건기술지침(KOSHA-GUIDE)은 〈표〉와 같으며, 앞서 언급했듯이 법령에서 정한 최소한의 수준이 아니라, 좀 더 높은 수준의 안전보건 향상을 위해 참고할 광범위한 기술적 사항에 대해 기술하고 있으며, 사업장의 자율적 안전보건 수준 향상을 지원하기 위한 것으로 법적 구속력은 없다. 자세한 내용은 한국산업안전보건공단(www.kosha.or.kr)에서 확인할 수 있다.

<표 7> 가설구조물 설계관련 안전보건기술지침

지침번호	지침명
C-96-2014	가설구조물의 설계변경 요청 내용, 절차 등에 관한 작성지침

4. 가설구조물 시공 기준

전체 건설재해 중 가설관련 재해가 50% 이상을 차지하고 있으며 사고 원인의 대부분이 시공부실로 인해 발생하고 있는 실정이다. 가설구조물의 시공부실은 관련자들의 가설공사에 대한 이해부족, 경험에 의한 시공, 임시 설치하는 구조물로 그 순간만 모면하면 된다는 안일한 생각과 시공성을 고려하지 않은 구조설계 등에서 비롯되고 있으며 이러한 악순환은 계속해서 되풀이되고 있다. 〈그림 7〉은 설계자의 비계구조물에 대한 특성 등 이해 부족, 시공자의 설계도서대로 시공할 수 있는지 검토 미실시 등으로 작업 중지되었던 사례이다.

<그림 7> 설계 따로 시공 따로의 사례

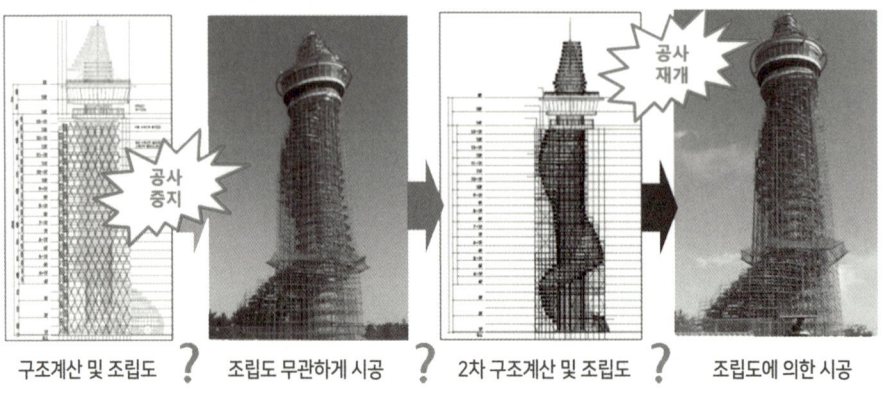

본 절에서는 올바른 가설구조물 시공을 수행하기에 앞서 가설구조물의 시공기준을 이해하는 것이 무엇보다 중요함으로 관련법과 기준을 알아보기로 한다. 국내 가설구조물 시공기준은 〈표 8〉과 같이 법적강제기준과 참고기준으로 구분되며 사고 발생 시 책임소재에 큰 영향을 미치기 때문에 최소한의 기준을 숙지하고 적용해야 한다.

<그림 8> 가설구조물 붕괴 사고사례

(a) 시스템비계 붕괴사고

(출처 : 조선일보, 2021.6.11)

(b) 거푸집 붕괴사고

(출처 : 충북일보, 2021.6.16)

① 산업안전보건기준에 관한 규칙

이 규칙은 산업안전보건법 일부 조문 등에서 위임한 산업안전보건기준에 관한 사항과 그 시행에 필요한 사항을 규정한 것으로 법적 구속력이 있다.

<표 8> 거푸집동바리 및 비계 관련 규칙

거푸집동바리	비계
제330조(거푸집동바리의 구조) 제331조(조립도) 제332조(거푸집동바리 등의 안전조치) 제333조(계단 형상으로 조립하는 거푸집동바리) 제334조(콘크리트의 타설작업) 제335조(콘크리트 펌프 등 사용 시 준수사항) 제336조(조립 등 작업 시의 준수사항) 제337조(작업발판 일체형 거푸집집의 안전조치)	제54조(비계의 재료) 제55조(작업발판의 최대적재하중) 제56조(작업발판의 구조) 제57조(비계 등의 조립·해체 및 변경) 제58조(비계의 점검 및 보수) 제59조(강관비계 조립 시의 준수사항) 제60조(강관비계의 구조) 제62조(강관틀비계) 제63조(달비계의 구조) 제64조(달비계의 점검 및 보수) 제68조(이동식비계) 제69조(시스템비계의 구조) 제70조(시스템비계의 조립 작업 시 준수사항)

② 가설공사 표준시방코드(KCS, Korea Construction Specifications)

가설공사 표준시방코드는 〈표 9〉와 같이 대분류 코드 "21 00 00"의 하위 항목으로 8개의 중분류, 15개의 소분류로 구성되며, 자세한 내용은 국가건설기준센터(www.kcsc.re.kr)에서 확인할 수 있다.

<표 9> 가시설물 표준시방코드 구성

코드번호			코드명	코드번호		코드명
21	0	0	가설공사		5	거푸집 및 동바리 공사 일반사항
	10	0	가설공사 일반사항		10	초고층·고주탑 공사용 거푸집 및 동바리
	20	0	공통가설공사		15	노출 콘크리트용 거푸집 및 동바리
		5	현장가설시설물		20	기타 콘크리트용 거푸집 및 동바리
		10	건설지원장비	60	0	비계공사
		15	환경관리시설		5	비계공사 일반사항
	30	0	가설흙막이공사		10	비계
	40	0	가물막이, 축도, 가도, 우회도로		15	작업발판 및 통로
	45	0	가설교량 및 노면 복공	70	0	안전시설공사
		5	가설교량		5	안전시설공사 일반사항
		10	노면 복공		10	추락재해 방지시설
	50	0	거푸집 및 동바리 공사		15	낙하물재해 방지시설

③ 고용노동부 고시

고용노동부 고시는 사업주에게 지도·권고할 기술상의 지침을 규정함을 목적으로 하며, 가설관련 지침은 〈표 10〉과 같다.

<표 10> 표준안전 작업 지침

고시번호	고시명
고용노동부 제2020-3호	가설공사 표준안전 작업 지침
고용노동부 제2020-5호	굴착공사 표준안전 작업 지침
고용노동부 제2020-8호	추락재해방지 표준안전 작업 지침
고용노동부 제2020-9호	콘크리트공사표준안전작업 지침

④ 안전보건기술 지침(KOSHA GUIDE)

가설구조물 시공과 관련된 안전보건기술 지침(KOSHA-GUIDE)은 〈표 11〉과 같으며, 앞서 언급했듯이 법령에서 정한 최소한의 수준이 아니라, 좀 더 높은 수준의 안전보건 향상을 위해 참고할 광범위한 기술적 사항에 대해 기술하고 있으며, 사업장의 자율적 안전보건 수준 향상을 지원하기 위한 것으로 법적 구속력은 없다. 자세한 내용은 한국산업안전보건공단(www.kosha.or.kr)에서 확인할 수 있다.

<표 11> 가설구조물 시공 안전보건기술 지침

지침번호	지침명
C-1-2011	시스템폼(RCS폼, ACS폼 중심) 안전작업 지침
C-4-2012	흙막이공사(엄지말뚝 공법) 안전보건작업 지침
C-8-2015	작업발판 설치 및 사용안전 지침
C-30-2020	강관비계 설치 및 사용안전 지침
C-32-2020	시스템 비계 안전작업 지침
C-33-2016	달비계 안전작업 지침
C-38-2011	슬립폼(Slip form)안전작업 지침
C-42-2020	시스템 동바리 안전작업 지침
C-43-2012	콘크리트공사의 안전보건작업 지침
C-51-2020	파이프 서포트 동바리 안전작업 지침
C-65-2012	철골공사 무지보 거푸집동바리(데크플레이트 공법)안전보건작업 지침
C-87-2013	중소규모 관로공사의 안전보건작업 지침

5. 가설구조물 검토·확인

건설공사 사업관리방식 검토기준 및 업무수행 지침(국토교통부 고시 제2020-306호)은 발주청, 시공자, 설계자, 건설사업관리용역사업자 및 건설사업관리기술인의 건설사업관리와 발주청이 발주하는 건설공사의 감독업무 수행에 필요한 사항을 규정하고 있으며, 이래와 같이 비계, 동바리, 거푸집 및 가교, 가도 등의 설치상세도 작성여부를 확인하고 제출된 시공상세도의 구조적인 안전성을 검토·확인하여야 하며, 가시설물의 구조적 안전에 관한 사항과 전문적인 기술검토가 필요한 사항은 반드시 관련분야 기술 지원 기술자가 검토·확인하도록 규정하고 있다.

> 제91조(시공계획검토) ④ 건설사업관리기술인은 공사시방서에 작성하도록 명시한 시공상세도와 다음 각 호의 사항에 대한 시공상세도의 작성 여부를 확인하고, 제출된 시공상세도의 구조적인 안전성을 검토·확인하여야 하며 이 경우 주요구조부(가시설물을 포함한다)의 구조적 안전에 관한 사항과 전문적인 기술검토가 필요한 사항은 반드시 관련분야 기술지원 기술자가 검토·확인하여야 한다. 다만, 공사조건에 따라 건설사업관리기술인과 시공자가 협의하여 필요한 시공상세도의 목록을 조정할 수 있다.
> 1. 비계, 동바리, 거푸집 및 가교, 가도 등의 설치상세도 및 구조계산서
> 2. 구조물의 모따기 상세도
> 3. 옹벽, 측구 등 구조물의 연장 끝부분 처리도
> 4. 배수관, 암거, 교량용 날개벽 등의 설치위치 및 연장도
> 5. 철근 배근도에는 정·부철근등의 유효간격, 철근 피복두께(측·저면)유지용 스페이서, Chair-Bar의 위치·설치방법 및 가공을 위한 상세도면
> 6. 철근 겹이음 길이 및 위치의 시방서 규정 준수 여부 확인
> 7. 그 밖에 규격, 치수, 연장 등이 불명확하여 시공에 어려움이 예상되는 부위의 각종 상세도면
>   ⑤ 건설사업관리기술인은 시공상세도(Shop Drawing) 검토·확인 때까지 구조물 시공을 허용하지 말아야 하고, 시공상세도는 접수일로부터 7일 이내에 검토·확인하여 서면으로 승인하고, 부득이하게 7일 이내에 검토·확인이 불가능할 경우 사유 등을 명시하여 서면으로 통보하여야 한다.

III. 기본에 기본을 더하기 위한 제안

본고에서는 가설공사 안전성 확보를 위해 관련법과 기준을 소개함으로써 건설공사 참여자에게 가설공사에 대한 정보와 이해를 돕고자 하였다. 가설공사 관련법과 기준은 근로자, 설계자, 시공자 및 감독자에 이르기까지 잘 마련되어 있으나 소관부처별로 관리하다 보니 기준 간 상충되거나 이원화되어 있어 관리의 소홀과 사용자의 혼란을 초래하고 있는 실정이다.

사용자의 혼란과 기준간 상충을 해소하기 위해 통일되고 일원화할 수 있는 방안을 모색하는 것이 시급하며, 국내 가설공사 관련법과 기준이 국제수준으로 발전하기 위한 지속적인 연구가 필요할 것이다.

참고문헌

1. 김곤묵, 가설공사 관련법 및 기준에 관한 고찰, 한국건설관리학회 학회지, 18권 2호, 2017
2. 김호수, 김곤묵, "RC건물의 시공 중 시스템 동바리의 현황분석", 청주대학교 산업과학연구소, 20권 1호, 2002
3. 김호수, 정성진, 곽순섭, 김곤묵, "거푸집-동바리 시스템의 붕괴현황조사 및 원인분석", 대한건축학회 춘계학술발표대회 논문집, 23권 1호, 2003
4. 한국건설산업연구원, "건설산업의 지속 가능성과 국민의 안전을 위해 청년층 진입 촉진 및 숙련인력 육성 시급" 연구보고서, 2016

김 대 원 (金 大 元)

<주요 학력>
부산대학교 기술창업대학원 석사
울산대학교 경영정보학 학사

<소속>
현) 날리지앤컴퍼니 대표
현) ㈜대동CMC 전무이사

<주요 경력>
현) ISO심사원 훈련·인증기관, 중소벤처기업부 컨설턴트, 중소벤처기업부 액셀러레이터
　　중소벤처기업부 혁신바우처 수행기관, 중소벤처기업부 수출바우처 수행기관
　　문화체육관광부 관광바우처 수행기관, 기술보증기금 기보엔젤파트너스, 신용보증기금 기업 컨설턴트
　　울산테크노파크 R&D 컨설턴트, 스마트제조혁신추진단 전문위원, 서민금융진흥원 컨설턴트
　　소상공인시장진흥공단 컨설턴트, 울산대학교 산학협력단 외래교수
전) 중진공 청년창업사관학교 코치, IGM 세계경영연구원 컨설턴트, STX 그룹 전략기획본부

<저서>
메타버스 200% 활용방법(2022)

<수상>
소상공인시장진흥공단 이사장상 (2020)

중대재해처벌법

Chapter 4

성공하는 기업들의
안전예방 솔루션

김대원

1. 중대재해 솔루션
2. 중대재해처벌법의 현재 상황
3. 기업의 노력
4. 구성원의 역할
5. 중대재해 예방, 사회적 공감대 형성

1. 중대재해 솔루션

반 년 전쯤, 예전부터 알고 지낸 친구이자 컨설턴트로부터 한 가지 이야기를 들었을 때이다. 약속 장소인 일산의 모 식당에 도착하니, 친구와 친구의 지인 A 씨가 먼저 와 있었다. 나를 본 친구의 첫마디는 바로 이거였다.

"대원군! 강의랑 컨설팅 한다고 바쁜 것 같던데? 얼굴 보기 너무 힘든 거 아냐?"

나는 이렇게 답했다.

"아니, 뭐 항상 하던 대로 매번 최선을 다할 뿐이지."

이 대화를 듣고 있던 A 씨가 이런 말을 꺼냈다.

"보자마자 하는 인사가 일 이야기라니, 역시 제가 들어왔던 만큼 활동을 잘 하시겠군요."

단순히 "어찌 지내고 있니?", "어 뭐 그럭저럭 잘 지내고 있어." 정도의 주고받는 말뿐이지만, 이렇게 이야기가 전개되니 좀 난감하기도 했다. 내 고향인 울산(나는 개인적으로 따스한 남쪽나라라고 불리는 것을 좋아한다)에서의 지인들과 나누는 일상적인 인사였기 때문이다.

문득 내가 이 일을 처음 시작했을 때를 생각해 보면 지금 A 씨가 나를 대단하게 바라보는 것 또한 어느 정도 이해가 되었다. 나 역시 처음엔 경외심의 눈으로 선배들을 바라보았으니 말이다.

오늘은 어쩐 일로 얼굴을 보자 했는지 궁금해 하던 찰나 친구가 입을 열었다.

"중대재해처벌법"이라는 것이 시행될 건데, 컨설턴트로써 시장성이 있을까?"

나는 이 질문에 이렇게 답했다.

"사실 컨설팅이라는 업으로까지 이슈가 되어야 할 일인지 모르겠어, 당연하게도 스스로 접점을 찾아가길 원하는 분야 중 하나였거든." "그럼에도 불구하고 컨설팅 영역으로 조금 더 들어오게 된다면, 규정과 인증제도 등을 수행하는 쪽으로 다른 분야들이 그랬었던 것처럼 흘러갈 거라 생각해."

그러자 함께 온 A 씨가 이렇게 거들었다.

"그 와중에 남다른 철학을 가지고, 기업이 자체적으로 역량을 가질 수 있도록 노력하시는 분들도 많겠죠? 평소에 일을 바라보는 관점을 철학적으로 접근한다든지."

그때까지 딱히 의식한 적은 없지만, A 씨의 이야기를 듣고 생각해 보니, 내 고객이나 지인들 가운데는 비즈니스를 하는 것과 동시에 본인만의 철학을 가진 분들이 많았다. 원래 재능이 뛰어난 분도 많아서 인생 선배로서 그들을 바라보며, 나 또한 인생을 배운다는 관점에서 이 일을 즐기고 있으니 말이다.

우리 기업의 안전 솔루션을 위해 3개의 주제가 하나의 흐름으로 작용하도록 구성하였다.

첫 번째는 '중대재해처벌법' 예방을 위한 다양한 노력들에 대한 내용을,

두 번째는 대표적인 솔루션으로 자리잡고 있는 ISO45001 에 대한 내용을

그리고 마지막 세 번째는 기업 스스로가 예방활동을 수행할 수 있도록 서비스 디자인 관점에서의 적용 가능성에 대한 내용을 이야기하게 될 것이다.

결국 나의 본업과 연관 지어 이야기를 끌어가야 한다면, 컨설턴트로서 컨설팅이란 나와 고객의 관계 속에서 이루어지는 것이 아닌가. 그 관계를 맺고 끌어가고 마무리를 만들어 가는 것의 전체 과정이 결국 '솔루션'이라고 생각한다.

이 챕터는 '솔루션'이란 단어를 중심으로 정리하여 일련의 프로세스로 정리하여 보다 실질적으로 적용될 수 있도록 했다. 그리하여 더 쉽게 이해하고, 활용할 수 있도록 했으며, 읽고 따라 하는 것만으로도 성과를 만들어 갈 수 있도록 구성

했다. 그러니 재미있게 읽으며 자신에게 특히 와닿는 말은 밑줄도 치고, 기록도 하며 다양한 지원 과제 등의 도움이 필요할 땐 새로운 인연을 만들어 가는 목적으로 활용할 수 있다면 좋겠다.

2. 중대재해처벌법의 현재상황

<그림 1> 중대재해처벌법 포털 검색

고용부, '중대재해처벌법 1호' 삼표산업 대표 기소의견 검찰 송치
이하 벌금)할 수 있게 했다. 14일 업계에 따르면 고용노동부가 삼표산업 채석장 매몰사고와 관련해 이 회사 경영책임자 A씨를 중대재해처벌법 위반 혐의로 검찰에 넘겼다. 양주사업소 현장소장...
머니S 2022.06.14 다음뉴스

- 고용부, '중대재해법 1호 적용' 삼표산업 경영책임... 뉴스1 2022.06.13 다음뉴스
- 이종신 삼표산업 대표, 중대재해처벌법 위반 혐의 ... 시사위크 2022.06.14
- '중대재해법 1호' 삼표산업 대표 등 기소 의견 송치 한겨레 2022.06.13 다음뉴스
- 관련뉴스 12건 전체보기 >

대학교 직원 추락사..중대재해처벌법 적용 1호 대학 될 듯
안전모와 안전망 등 안전조치도 취하지 않은 상태였는데요. 추후 조사에서 위반 사항이 적발되면 전국 대학교 가운데 중대재해처벌법 1호 사건이 될 전망입니다. 박연 기자가 취재했습니다. <리
CJB청주방송 2022.06.28 다음뉴스

전국서 울려퍼진 "중대재해기업처벌법 1호 재해 '삼표' 책임자 처벌 촉구"
전국 곳곳에서 중대재해기업처벌법 시행 직후 가장 먼저 노동자 3명이 한꺼번에 매몰돼 사망하는 재해가 발생한 사업장인 삼표산업의 최고 책임자 처벌을 촉구하고 나섰다. 삼표 최고책임자 구속...
노동과세계 2022.06.29

중대재해처벌법 '1호' 영장 기각..이유는?
이라는 똑같은 유해 요인으로 3명 이상 '직업성 질병'이 발생했기 때문에, 수사 대상이 됐습니다. '직업성 질병'으로는 중대재해처벌법 '1호' 수사 대상이 된 겁니다. 그리고 지난 17일, 경영책임자...
KBS 2022.03.22 다음뉴스

중대재해처벌법 1호?
수립했는지, 안전보건관리체계를 구축했는지 들여다볼 예정이다. 만약 삼표산업이 이를 지키지 않았다고 결론 나면 중대재해처벌법 적용 '기소 1호'가 된다. 사업주 또는 경영책임자 등에게 1년 ...
한겨레21 2022.02.05 다음뉴스

(출처 : daum.net)

최근 '중대재해처벌법'과 관련하여 어떤 이슈들이 기사화 되고 있을까 해서 다음포털에서 검색해 보았다. 다양한 기사들과 의견들을 접할 수 있었는데, 내용들을 확인해 보면 발생한 사건사고들에 대한 징계, 처벌 수위 결정 등에 대한 내용

들이 주를 이루고 있을 만큼 현재는 초기 단계에서 오는 시행착오 등을 겪고 있다고 볼 수 있다.

현재 시행되고 있는 '중대재해처벌법'의 경우 사업 또는 사업장, 공중이용시설 및 공중교통수단을 운영하거나 인체에 해로운 원료나 제조물을 취급하면서 안전·보건 조치 의무를 위반하여 인명피해를 발생하게 한 사업주, 경영책임자, 공무원 및 법인의 처벌 등을 규정함으로써 중대재해를 예방하고 시민과 종사자의 생명과 신체를 보호함을 목적으로 하는 법률이다. 대형 산업 현장에서 발생하는 노동자 사망사고와 화재사고, 살균제 사건과 같은 환경사고와 대형 운송 사고 등이 빈발함에 따라 2021년 1월 26일 법률 제17907호로 제정되었다.

『중대재해 처벌 등에 관한 법률』의 본문은 총칙, 중대산업재해, 중대시민재해, 보칙의 4장으로 구성되었으며 총 16개 조항으로 되어 있다. 이 법은 공포 후 1년이 경과한 날인 2022년 1월 27일부터 시행되었다. 다만, 상시 근로자가 5명 미만인 사업 또는 사업장의 사업주에게는 적용되지 않으며, 이 법 시행 당시 개인사업자 또는 상시 근로자가 50명 미만인 사업 또는 사업장(건설업의 경우에는 공사금액 50억 원 미만의 공사)에 대해서는 공포 후 3년이 경과한 날부터 시행하는 것으로 되어 있다.

따라서 향후 3년간 지속적으로 보완이 필요한 영역임과 동시에 다양한 분야에서 요구되는 필수 과제임은 명확한 상황이기에 고용노동부를 중심으로 안전보건공단 등에서는 '중대산업재해 예방을 위한 자율점검표', '중대재해처벌법 규정' 등의 배포와 교육훈련을 통해 예방을 1순위 목표로 삼고 다방면에서 노력을 기울이고 있는 실정이다.

3. 기업의 노력

1) 자율진단

안전보건관리체계란 일하는 사람의 생명과 건강을 보호하기 위하여 기업이 자율적으로 사업장에서 발생하는 위험 요인을 파악하고 이를 제거·대체하거나 통제하는 방안을 마련하고 이행·개선하는 일련의 과정을 의미하며, '산업안전보건법'은 산업재해 예방을 위한 관리 체제와 구체적인 안전보건 조치를 규정하고 있어, 현장에서 이를 준수하면 산업재해를 예방할 수 있다. 그러나 현장에서 '산업안전보건법'에 따른 관리 체제가 확립되고 안전보건 조치가 이행되기 위해서는 본사의 적극적인 역할이 필요하다.

이에 '중대재해처벌법'은 현장에서 안전보건조치가 확립될 수 있도록 경영책임자에게 안전보건관리체계 구축·이행과 산업안전보건법 등 안전보건 관계법령 이행을 위한 관리상의 조치를 부여하고 있다. 그중에서도 특히, 건설업은 본사와 위험 요인이 상존하는 현장이 장소적으로 분리되어 있고, 공사의 진행에 따라 위험 요인이 수시로 변하며, 다양한 주체가 참여하기 때문에 기업 단위에서 안전보건관리체계 구축·이행이 어느 산업보다 중요하다.

아울러, 안전보건 관리체계 구축·이행을 통해 일하는 사람의 생명과 건강을 보호하는 것은 기업의 기본적인 사회적 책임이며, 안정적인 기업의 운영을 위하여 필수적인 경영책임자의 역할로서, 다음의 핵심요소와 실행전략을 반드시 고려하여야 한다고 안내하고 있다.

< 표 1 > 건설업 중대산업재해 예방을 위한 자율점검표

	핵심요소	실행전략
1	경영자 리더십	☐ 안전보건에 대한 의지를 밝히고, 목표를 정합니다. ☐ 안전보건에 필요한 자원(인력·시설·장비)을 배정합니다. ☐ 본사에서 현장 작업자에 이르는 구성원의 권한과 책임을 정하고, 안전보건활동에 대한 참여를 독려합니다.
2	근로자 참여	☐ 안전보건관리 전반에 관한 정보를 공개합니다. ☐ 현장 작업자 등 모든 구성원이 참여할 수 있는 절차를 마련합니다. ☐ 자유롭게 의견을 제시할 수 있는 문화를 조성합니다.
3	위험 요인 확인·개선	☐ 건설공사 계획·설계 단계 시부터 안전을 고려하고, 이를 검토하여 공사계획을 수립합니다. ☐ 공정 진행에 따라 위험 요인별 위험성을 수시로 평가합니다. ☐ 위험 요인별 제거, 대체 및 통제 방안을 검토하여 이행합니다.
4	교 육	☐ 모든 구성원이 위험 요인과 개선 방법을 인식하고 작업합니다. ☐ 모든 구성원을 대상으로 교육합니다.
5	비상조치계획 수립	☐ 재해 발생 시나리오'를 작성하고 이에 따른 조치계획을 수립합니다. ☐ 급박한 위험시 현장작업자가 작업 중지할 수 있는 절차를 마련합니다.
6	도급·용역·위탁 시 안전보건 확보	☐ 산업재해 예방 능력을 갖춘 수급인을 선정합니다. ☐ 안전보건관리체계 구축 및 운영에 있어, 사업장 내 모든 구성원이 참여하고 보호받을 수 있도록 합니다.
7	평가 및개선	☐ 안전보건 목표를 설정하고 평가합니다. ☐ `안전보건관리체계`가 제대로 운영되는지 현장을 점검합니다. ☐ 발굴된 문제점을 주기적으로 검토하고 개선합니다.

(출처 : 안전보건공단)

자율점검표의 경우 현재 대상인 기업들이 자체적으로 체크리스트를 만들어 점검할 수 있도록 권고하고 있는 부분이며, 말 그대로 자율적으로 점검하는 것인 만큼 법적인 강제성은 없다고 볼 수 있다. 한 가지 중요한 것은, 각 지표별로 보수적인 관점으로 접근하는 것이 좋다는 것인데, 이는 안전, 그리고 생명과 관련된 영역이기 때문이다.

자율점검표의 경우 '안전보건공단'을 통해 확인할 수 있는 만큼, 7개 영역의 세부내용 및 위험 요인 확인, 그리고 개선 시기 등에 대한 내용을 확인하고 싶은 해당 기업은 관련 내용을 숙지하고 내부 방침에 맞도록 준비하면 되며, 특히 사고 유형별, 장비별, 위험 작업별, 공정별 위험 요인 중 빈도수가 가장 높은 요인들에 대해서는 신중하게 점검할 것을 당부드린다.

다음으로 중대재해 예방을 위해 기업들이 준비하고 있는 활동 중 하나인 ISO45001(안전보건경영시스템)이다.

현재 ISO 심사원 훈련 기관이자, 인증기관을 운영하고 있는 필자로서는 ISO 전 분야에 걸쳐 연관되는 이슈들과 관련업계의 소식을 긴밀이 접하고 현장에서 바로 체감할 수 있는 장점이 있다.

2) ISO 45001

ISO 인증이란, 국제표준화기구(International Organization for Standardization)에서 국제적으로 통용될 수 있는 시간이나 단위 등을 통일하는 규격인증, 제품인증, 시스템 인증에 필요한 표준을 정의 한 것으로 ISO 인증이라는 것은 우리 기업의 규격과 제품, 그리고 시스템이 국제규격에 적합하게 구축되어 있는지를 평가하는 것을 말한다.

이 가운데 최근 각광받고 있는 ISO 45001 (안전보건경영시스템)은 Occupational Health & Safety Management System(OH&S)을 의미하고 있으며, 중대재해처벌법을 아우를 수 있는 방법 중 하나의 솔루션으로 활용 가능하다.

이러한 ISO 인증이 필요한 이유는, 기업의 입장에서도 돈이 되기 때문이다.

물론, 벤처인증, 메인비즈 인증 등과 같이 다른 인증지원제도 또한 마찬가지로 인증 그 자체로써 직접적인 수익을 창출해 주지는 않는다. 하지만 간접적인 영향력이 많다보니 인증제도를 잘 활용하는 경우 기업경영에 도움을 줄 수 있는 요소들이 몇 가지가 있다.

먼저, 기업의 체계적인 경영시스템에 대한 대외 인증용이다.

창업한지 몇 년 되지 않은 기업이라면 크게 상관없는 요소일지도 모르겠으나, 한국은 수출을 목적으로 하는 기업들에게 많은 혜택을 주는 생태계가 형성되어 있다. 이에, ISO를 통해 해외시장으로 진입을 하기 위한 가장 기본적인 준비를 할 수 있는 것이다. 기업을 운영한다고 해서 모든 게 성공하리란 보장은 없으며, 그 시행착오를 줄여나가는 과정을 지속적으로 거쳐가야 한다. 이때 국제적으로 표준화된 매뉴얼을 도입하거나 체계적인 경영시스템을 구축하면서 시행착오를 줄여나가게 됨과 동시에, 건강한 비즈니스 환경을 만들어갈 수 있다.

다음으로, 기업 이미지 제고에 도움을 줄 수 있다.

식품제조기업은 식품안전경영시스템을 인증받고, IT기업은 정보기술서비스인증을 받는 것처럼 각 산업별로 분야별로 필요한 인증이 다르기에 고객이 느끼는 가치 또한 다를 수밖에 없다. 친환경, 탄소중립 등 새로운 개념에 따라 소비자의 눈높이 또한 지속적으로 달라지고 있기 때문에 이러한 인증제도를 활용하는 것은 필수적이라 할 수 있다.

그렇다면 중대재해처벌법을 예방하기 위한 목적의 ISO45001은 어떨까?

2022년 1월 법 시행 이후로 설계, 제조, 설치, 관리 등의 결함으로 발생한 재해에 대해 기업을 처벌하겠다는 정부의 의지가 높아진 상황이다.

특히 50인 이상 사업장에 우선 적용되는데, 처벌의 강도는 1년 이상의 징역 또는 10억 원 이하의 벌금으로 되어 있으며, 징역과 벌금을 병과할 경우 최대 50억까지 가능하다.

여기서 한 가지 의문이 들 수 있다. 이 법과 ISO45001 인증은 어떤 관계가 있는 것인가?

ISO45001 인증은 임직원, 작업자 등을 포함한 작업장에 있는 전 인적자원의 안전과 보건을 체계적으로 관리할 수 있도록 경영 시스템이 잘 구축되어 있는지를 검증하는 인증으로써, 산업재해가 발생했을 때, 규정과 절차는 제대로 지켰는지 등에 대해 사실관계 확인 시 기업에 유리한 상황을 만들 수 있는 것이다.

다시 말해, 이미 국제 규격에 맞는 안전보건시스템을 도입한 기업이기 때문에 사고가 발생했어도 미처 대응하기에 어려웠던 돌발적인 사고임을 증명할 수 있다는 것이다.

<그림 2> 다양한 ISO 표준규격의 종류

구분		규격별 과정소개
	ISO 9001	(QMS) : 품질경영시스템은 고객에게 제공되는 제품, 서비스 체계가 규정된 요구사항을 만족하고 지속적으로 유지, 관리되고 있음을 인증해주는 제도
	ISO 14001	(EMS) : 환경경영시스템은 고객에게 제공되는 제품, 서비스 체계가 규정된 요구사항을 만족하고 지속적으로 유지, 관리되고 있음을 인증해주는 제도
	ISO 22000	(FSMS) : 식품안전경영시스템은 대화식 커뮤니케이션, 시스템 관리, 전체 조건 프로그램, HACCP 원칙
	ISO 45001	(OH) : 안전보건경영시스템은 산업 재해 및 질병의 감소 목표
	ISO 13485	(MDMS) : 의료기기경영시스템은 의료기기의 설계 및 제조를 위한 포괄적인 품질 관리시스템
	ISO 27001	(ISMS) : 정보보안경영시스템은 조직이 비용을 최적화하면서 국제 모범 사례에 따라 정보 보안 프로세스를 관리할 수 있도록 설계
	ISO 37001	(ABMS) : 부패방지경영시스템은 모든 조직 활동에서 발생할 수 있는 뇌물 분야에 적용 가능한 요구사항을 규정한 국제표준규격
	ISO 20000-1	(ITMS) : 정보기술 서비스 경영은 서비스 제공 업체가 서비스 요구 사항을 충족하기 위한 서비스의 설계, 전환, 제공 및 개선 포함
	ISO 22716	(GMP) : 화장품경영시스템은 올바른 과학적 판단과 위험평가에 기초한 공장 내 활동을 통한 품질보증의 실제적인 발전으로 구성
	ISO 22301	(BCMS) : 사업연속성경영시스템은 기업에 치명적인 사건이 발생한 후에도 기업의 제품 및 서비스의 제공을 지속적으로 보장하는 방법 등을 관리
	ISO 26000	(SR) : 사회적책임경영시스템은 기업의 사회적 책임을 포괄적으로 규정
경영시스템	ISO 29990	(EnMS) : 에너지경영시스템은 에너지 관리 시스템의 수립, 구현, 유지 및 개선에 대한 요구사항
	ISO 50001	(CS) : 고객만족경영시스템은 상업적, 비상업적 활동에 대하여 효과적이고 효율적인 불만처리 프로세스의 설계 및 수행에 대한 지침 제공
	ISO 10002	(BCMS) : 사업연속성경영시스템은 기업에 치명적인 사건이 발생한 후에도 기업의 제품 및 서비스의 제공을 지속적으로 보장하는 방법 등을 관리
	ISO 20121	(ES) : 이벤트지속가능경영시스템
	ISO 21001	(EO) : 교육기관경영시스템은 교육관련 제품 및 서비스 제공
	ISO/IEC 27701	(PI) : 개인정보보호경영시스템은 기업들이 정보보호 수준을 유지하기 위해 글로벌 환경에서 통용되는 ISO/IEC 각종 규격에 대한 인증
	ISO 31000	(RM) : 리스크관리경영시스템은 위험 관리와 관련된 모든 운영에 모범 사례 구조 및 지침 제공

(출처 : ㈜대동CMC 홈페이지)

이러한 ISO 인증을 신청하는 기준은 크게 2가지로 구분할 수 있는데, 사업장의 내부 심사원이 상주해 있는 경우 직접 심사를 진행하는 방법과 필자와 같은 외부

전문 심사원을 초빙해 기업 인증을 받는 방법이다.

하지만 생각해 보면, 내부 심사원이 상주하는 기업은 손에 꼽히기 때문에, 대부분의 사업장에서는 외부 전문 심사원을 초빙해서 인증을 받는다고 생각하면 된다.

<그림 3> ISO 인증절차

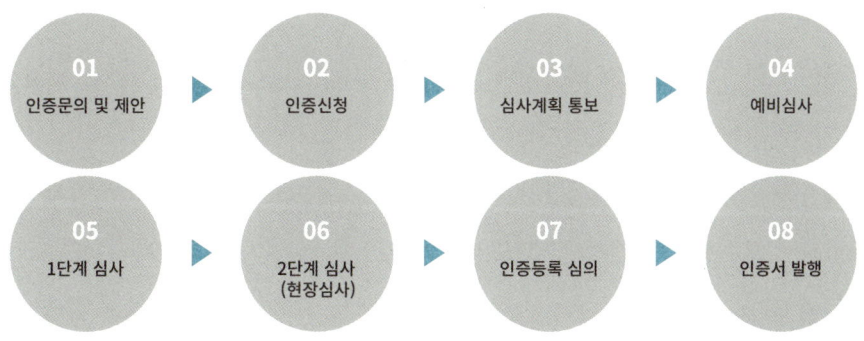

(출처 : ㈜대동CMC 홈페이지)

이러한 ISO 인증의 절차에 대해 간단하게 설명을 하자면 상단의 그림과 같으며, 기업의 규모 및 업종, 근로자 수 등에 따라 비례해서 비용이 발생하게 된다. 또한 3년을 주기로 갱신이라는 과정을 반복해야 하며, 연 1회 사후관리 심사까지 진행하는 구조가 된다. 다만, 초회심사를 제외하고는 각 지역 중기청, 경제진흥원과 같은 지원기관에서 갱신비용을 일부 혹은 전액 지원해 주는 지원사업이 있으니 적극 활용하기 바란다.

4. 구성원의 역할

1) 프로세스의 이해

앞서 언급했던 자율점검표를 다시 한번 찾아보자. 7가지의 핵심요소를 확인할 수 있다. 이 7가지의 핵심요소를 하나의 프로세스로 개선할 수 있는 잘 알려진 솔루션이 있다. 바로 서비스 디자인이라는 개념이다.

사전적 의미는 '서비스 제공자와 사용자 간의 상호 작용을 고려하여 총체적인 과정과 시스템을 디자인하는 것. 고객과 서비스가 접촉하는 여러 가지 경로와 요소들을 알맞게 창조하고 관리하는 것'을 말하기도 하며, 좁은 의미로는 서비스를 구성하는 요소들과 서비스 채널 간의 상호작용 관계를 분석하고 그로부터 서비스를 계획하고 디자인하는 행위로 말한다.

컨설턴트로 활동하면서 만난 많은 CEO 가운데 "우리는 디자인, 서비스와 관계가 많지 않은데요"라고 말씀하시는 분이 의외로 많다는 것에 놀랄 수밖에 없었는데, 이는 큰 범주에서 이해하고 응용하려는 시도를 하지 않았거나, 이러한 변화를 가져오는 변화관리자가 사내에 존재하지 않기 때문으로 파악된다.

주요 인증제도들의 평가 프레임은 크게 'Driver - System - Result'의 3단계 구조를 가지고 있거나, 'Plan - Do - Check - Act' 등과같이 4단계 구조를 가지고 있다. 더불어 컨설팅 관점의 서비스 디자인의 경우 '적용하는' 단계가 추가로 적용되어 현장 또는 공정에 도입 후 최적화를 가져가는 구조로 되어 있어, 자체적인 활동을 하는 데 있어 날개를 달아주는 요소라 할 수 있다.

실제로 지난 3월 '2022년 안전서비스디자인 사업, 안전인프라 구축 및 실증지원' 사업이 한국디자인진흥원과 한국산업단지공단 공동으로 진행되었는데, 스마트그린산업단지 입주기업의 안전사고를 예방하기 위한 서비스 디자인 아이디어 개발 및 실증을 목적으로 하였다.

이 사업은 안전한 근로환경 조성을 목적으로 하며, 즉시 적용이 가능하고 실질적인 안전성 강화가 요구되는 중소, 중견기업들의 안전한 근로환경을 구축하도록 지원한다. 본 프로그램의 전체 흐름, 즉 '진단 및 컨설팅 - 아이디어 개발 - 적용(안)선정 -개발 및 실증 - 성과 공유 및 확산'을 보더라도 일반적인 컨설팅의 흐름에 실증단계가 붙어있다는 것을 알 수 있으며, 향후 긍정적인 사회적 문제 해결의 한 축으로써 보다 더 성장 가능한 분야이다.

2) 서비스 디자인의 이해

다시 서비스 디자인으로 돌아와서, 우리는 기업의 고객을 분류할 때 외부고객과 내부고객으로 구분하기도 한다. 외부고객은 우리의 제품과 서비스를 구매하는 고객이며, 내부고객은 바로 함께 생활하는 임직원을 말한다. 이러한 내부고객과의 조화로운 활동을 기반으로 재해에 대해 공감하고, 발굴하고 예방활동으로 이어감으로써 안전한 환경에 대한 경각심을 공유하는 데 있어 방법론이 바로 서비스 디자인이 될 수 있는 것이다.

서비스 디자인의 프로세스는 결과를 산출하는 동안에 요구되는 정보를 처리하여, 지속적으로 재해석, 재가공의 과정을 거쳐, 우리 기업에 맞도록 소화시켜 그 속에서 발생되는 일련의 문제점들을 해결하고, 프로세스의 각 단계마다 끊임없이 피드백하여 최상의 결과를 산출해 가는 과정으로, 중대재해의 요소가 될 요인들을 지속적으로 개선하여 최적의 답을 찾아갈 수 있는 프로세스인 4D 프로세스를 활용한다.

<그림 4> 서비스디자인의 4D 프로세스

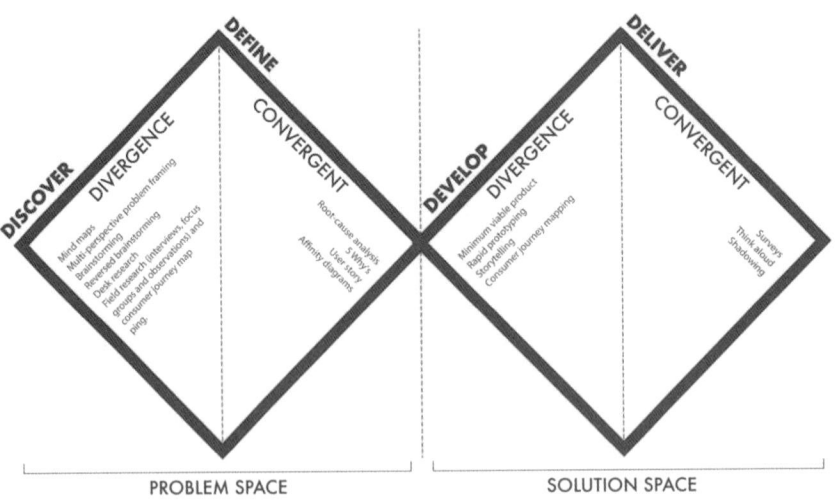

4D 프로세스란,

프로젝트에 대한 명확한 이해와 참여자의 결정 이후 진행되는 것으로,

1) Discover : 조사설계와 진행의 효율성 분석을 위한 이슈의 발견

2) Define : 프로젝트의 방향, 원칙과 전략, 콘셉트 등의 도출 및 수준의 정의

3) Develope : 아이디어의 구현 가능성 등을 점검하기 위한 프로토타이핑, 보완 진행

4) Deliver : 실행 용이성과 적절한 사후관리 등을 위한 결과물 확정, 이관 등의 활동 등 단계별 과정을 거치는 것을 목적으로 하고 있다.

이러한 서비스 디자인의 프로세스가 우리 기업의 안전과 접목되기 위해서는 필수적으로 가져가야 할 4가지 규칙이 있는데, 사용자 중심, 시간적 순서, 총체적 관점, 그리고 시각적 증거가 그것들이다.

이 4가지 개념을 가장 잘 표현하는 것이 다음에 나오는 2개의 표이며, 우리 회사의 전체 공정의 순서를 나열하고, 문제 요인을 도출, 이를 해결하기 위해 각 공정의 이해관계자의 입장에서 연관된 활동들을 개선하는 일련의 흐름을 시각화하는 용도로 활용되며, 실제로 제조업, 서비스업을 가리지 않고 고객이 존재하는 모든 유형의 산업에서 광범위하게 사용되고 있는 일종의 TOOL이다.

<그림 5> 고객 여정맵과 서비스 블루프린트 활용

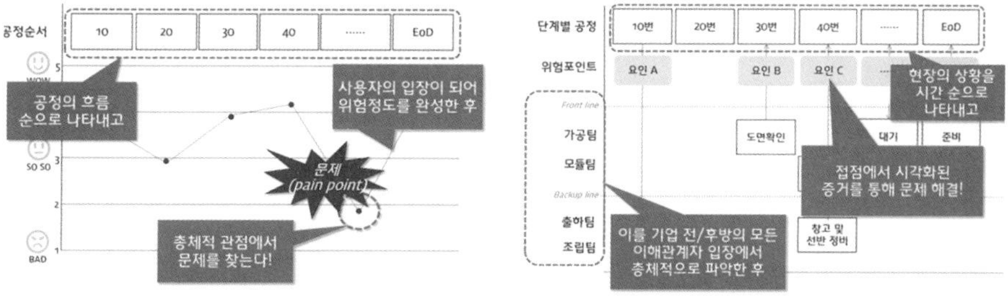

(출처 : 서비스디자인 강의자료)

구성원들이 직접 참여하여 예방활동을 보다 적극적으로 참여할 수 있도록 우리 기업만의 훈련방식을 찾아낼 수만 있다면 이보다 더 좋을 순 없을 것이다. 서비스 디자인이라는 솔루션은 이러한 직접 참여를 유도할 수 있는 최적의 도구로써 그 가치가 있을 것이다.

일반적인 기업이라면, 조직의 존재 목적에 대해 정의하고 이를 실행시키기 위한 활동을 일련의 규칙대로 수행하기 위해 사업계획을 수립하기 마련이며, 이러한 사업계획은 전 구성원의 역량과 자원들이 한 방향으로 모이는 결정체로써 기업경영의 한 축을 담당하게 된다. 이런 노력의 일부분을 우리 재해예방을 위해 조금만 관심을 기울이면 어떨까 하는 것이다.

이는 재해예방을 위한 CEO의 리더십과 임직원의 참여, 위험 요인의 확인과 개선, 교육, 평가 및 개선 등의 일련의 흐름에 전사적인 관점의 역량이 요구되는 만큼, 모두의 관심을 조금씩 집중한다면 재해예방에도 큰 개선점이 도출될 수 있기 때문이다.

5. 중대재해 예방, 사회적 공감대 형성

2022년의 화두 가운데 하나는 이 책의 주제인 중대재해처벌법이다. 사회적인 이슈로 부각되고 있는 만큼, 각계각층에서 다양한 관점의 노력을 하나로 모으고 있는 상황이며, 이를 위해 모두의 역량이 필요한 시기임에는 틀림없다. 다만, 너무 치우친 관점에서의 시각을 가지고 있는 것은 아닌지 생각해 보아야 할 것이다. 사람과 사람이 만들어 내는 관계 속에서 발생하는 문제를 말이다.

안전에 대한 이슈는 과거에도 많았고, 지금도 많고, 앞으로도 더 많아질 것이다. 샘표 국내 1호, S-Oil 외국 1호 등 다양한 이슈들이 있지만, '1호가 될 순 없어'라는 프로그램처럼 모두가 1호가 되지 않는 사회가 되었으면 하는 마음이다.

사람과 사람 사이에서 관계에서 발생할 수 있는 모든 이벤트들은 한쪽의 일방적인 100% 원인 제공으로 볼 수 없다.

중대재해처벌법의 제정에는 그간 경제성장을 목표로 달려온 한국 사회에서 지속적으로 발생한 각종 인명 사고에 대한 사회적 각성이 배경으로 작용했다. 이는 2011년부터 발생한 가습기 살균제 사건, 2014년 4월 세월호 사건과 같은 대형 시민재해가 발생했음에도 2014년 5월의 고양 종합터미널 화재, 2018년 12월 태안화력발전소 압사사고, 2020년 4월 물류창고 건설현장 화재사고, 2020년 5월 현대중공업 아르곤 가스 질식 사망사고와 같은 산업재해로 인한 사망사고가 반복되면서 중대재해를 방지하기 위한 최고 책임자의 각성, 그리고 제도적 예방의 필요성에 대한 사회적 공감대가 형성되었다. 이에, 누군가의 일방적인 잘잘못이 있을 수 없으며, 사회적 관점에서 교통신호를 지키듯 모두가 조금씩 일상에서 적용하고 적응해 나아가야 할 것이다.

사회적인 공감대가 형성되어 있는 만큼 다양한 규제와 제도의 정비, 교육훈련 등을 기본으로 하여, 각계각층에서 요구되는 활동을 가져가는 것이야말로 '중대재해처벌법'의 취지를 가장 잘 살리는 방법일 것이다. 그 속에서 필자 또한 교육과 컨설팅, 자문활동 등의 활동을 보다 다양한 관점에서 접근할 수 있을 것이라 생각한다.

김 성 남(金 成 南)

<주요 학력>
명지대학교 재난안전학 박사과정
한양대학교 토질및기초 공학석사

<소속>
고탄종합건설기술사사무소 대표

<자격사항>
토목시공기술사, 기술거래사, 직업능력개발훈련교사 2급

<주요 경력(기타 활동 포함)>
경기대학교, 중원대학교 외래교수
대한민국산업현장교수단 교수
재)건설산업교육원 외래교수
국토안전관리원 외래교수
한국기술사회 외래교수
국토교통과학기술진흥원 R&D 평가위원
지방국토관리청 기술자문위원(서울, 대전, 부산)

<저서>
한눈에 보이는 4차 산업혁명, 공공기관 대기업 면접의정석, 미래유망자격증
공학도들에게 들려주는 기술사 성공스토리, 공학윤리, 메타버스 200% 활용방법

<수상 내역>
2019 올해의 신한국인 대상, 홍일표 국회의원 표창장, 박남춘 인천시장 표창장

중대재해처벌법

Chapter 5

건설현장의 가설 흙막이 안전관리

김 성 남

1. 건설공사 가설흙막이 현장 안전점검 사례
2. 땅 꺼짐 현상
3. 흙막이 벽체 및 지지 공법선정
4. 차수공법
5. 흙막이 중점 관리 방안
6. 제언

1. 건설공사 가설흙막이 현장 안전점검 사례

중대 재해 제로를 위해 건설현장에서는 사고 발생 빈도와 강도를 측정하여 위험성 평가하고 있다. 위험성 평가는 건설현장에서 미래에 충분히 발생할 수 있는 안전사고 발생이 잠재되어 있어 '숨은 위험 찾기'라고 볼 수 있다.

흙막이 현장의 안전 점검 사례를 통해 위험성을 예측하고 주요 위험 포인트를 열거하였다.

첫째. 흙막이 배면 배수로가 없거나 지표수 처리가 불량하여 우기 시 흙막이 배면에 빗물이 유입되어 벽체가 기울어지거나 지반침하 및 땅 꺼짐 현상 등의 사고로 이어질 수 있다. (사진 1)

둘째. 흙막이 배면의 협소한 자연지반 구간의 안전 통로가 미확보되어 근로자의 넘어짐 사고로 이어질 수 있다. (사진 2)

셋째. 흙막이의 안전성은 정보화 시공관리 즉, 계측관리에 의해 이루어지는데 지중경사계나 지하수위계 등 계측기 보호를 위한 보호캡의 미 고정 또는 잠금장치가 되지 않아 파손되거나 막히면 사용 불가능해져 마치 비가 오는 날 운전 중에 와이퍼가 고장이 난 것과 같이 위험에 무방비 상태가 된다. (사진 3)

넷째, 띠장 위에 볼트나 잡자재 등 낙하 위험물이 방치되면 낙하할 수 있어 하부에 장비나 근로자에게 직접적인 충격을 주어 사고로 이어진다. (사진 5, 7)

다섯째.

띠장의 스티프너가 설치되지 않거나 태그 용접 등의 용접 불량, 각도가 틀어지거나 하였을 때 위험 요인은 흙막이 철거할 때 띠장과 버팀보가 접하는 부위에 집중하중이나 압축력, 휨모멘트, 전단력 등 작용 시 항복 하중에 도달하기 전에 좌굴 발생 응력이 초과 발생으로 붕괴 요인이 될 수 있다. (사진14)

<최근 도심지 건설현장의 특징>

<00건설 공사 현장점검 사례>

<건설공사 현장점검 사진>

사진 1) 흙막이 배면 균열

사진 2) 흙막이 배면 안전통로 미확보

사진 3) 계측기 보호캡 설치불량

사진 4) 철근 고임목 미설치

사진 5) 띠장 위 볼트 등 낙하 위험

사진 6) 띠장 스티프너 용접 불량

사진 7) 통행로 폐콘크리트 요철 위험

사진 8) 띠장위 폐기물 낙하 위험

사진 9) CIP 캡콘크리트 철근 노출

사진 10) 세륜기 물 흙막이벽체로 유입

사진 11) 안전 통로 돌출부위 위험

사진12) 어스앵커 절단 및 콘 빠짐

사진 13) 건축 MAT기초 배수로 불량	사진 14) 토류벽 우각부 토류판 탈락위험

사진 15) 침사지 발판 및 안전시설 미흡	사진 16) 침사지 상부 안전시설 미흡

사진 17) 배수로 사면 유실	사진 18) 건설현장 안전점검 활동

<H빔 불량고재 사용 및 스티프너 설치 불량>

1) H빔 불량고재 사용

- 현　황 : 천공 홀이 많은 H빔을 스트러트 부재로 사용
- 문제점 : 스크류잭에 인접한 부분에 다수 천공 홀이 존재하여 축력 작용 시 구조적 취약 구간으로 부재 파손, 해체 시 응력집중으로 인한 구조적 취약부 발생
- 대　책 : 강판을 사용한 용접보강 해체 시 응력 집중으로 인한 구조적 취약부 발생

2) 스티프너 설치 불량

- 현　황 : ㄱ형강 자재 사용 및 태그 용접
- 문제점 : 띠장과 버팀보가 접하는 부위에 집중하중이나 압축력, 휨모멘트, 전단력 등 작용시 항복 하중에 도달 전 좌굴 발생
- 대　책 : 설계 기준(예 : PL-270×145×12)에 의한 보강재 설치 및 필렛용접

2. 땅 꺼짐 현상

국가건설기준 KDS 21 30 00 : 2022 가설흙막이 설계기준을 보면 흙막이 공법의 안전한 설계를 하도록 하고 있다. 그러나 현장에서는 지하수위, 민원, 지반 등을 고려하여 경제성과 안전성을 고려하여 설계하지만 경제성을 최우선으로 하고 있는 실정이다.

최근 흙막이 시공 중 인접 지반의 땅 꺼짐 현상 등으로 인해 시민들이 보도블록 아래로 추락하거나 차량 등이 전복사고가 빈번하게 발생되고 있다. 건설공사 안전관리 종합정보망(CSI)에서는 공사 종류별 위험 요소로 가설 공사의 위험 요인이 가장 많으며, 그중 가설 흙막이 공사 위험 요소가 가장 높은 것으로 분석된다.

위험 요소 프로파일이란 건설현장의 공사 목적물·주변 건축물·가설구조물 등의 안전과 작업자들의 안전을 저해하는, 발생할 수 있는 위험 요소(유해 위험)를 발굴하여 공종별(공사 종류별) 위험요소(Hazard)를 분류한 기본 표준자료를 말하며 건설공사 안전관리(CSI) 사이트의 메뉴 위험 요소 프로파일에서 확인할 수 있다. 위험 요소 프로파일은 건설현장에서 발생하는 건설사고를 예방하기 위해서는 시공 안전성이 확보된 설계 및 안전관리계획이 건설현장에 적용되도록 하여 설계자의 안전한 설계, 시공자의 안전한 시공, 발주자의 공사 현장 안전관리 감독 등 적극적인 건설안전 활동에 참여할 수 있도록 정보 공유를 하고 있다.

지반침하 발생 현황을 살펴보게 되면 지하 시설물 손상으로 인한 지반침하가 가장 많으며 지하 매설공사 부실, 굴착공사 부실 등의 순서로 빈도수가 발생되었음을 알 수 있다.

<연도별 땅 꺼짐 현상 발생 현황>

구 분	2017	2018	2019	2020	2021.6	계
지하 시설물 손상	189 (7.7%)	190 (56.2%)	110 (57.3%)	159 (56.0%)	38 (45.8%)	686 (58.3%)
지하 매설 공사 부실	44 (5.8%)	87 (25.7%)	31 (16.1%)	61 (21.5%)	26 (31.3%)	249 (21.2%)
굴착공사 부실	13 (4.7%)	6 (1.8%)	6 (3.1%)	8 (2.8%)	8 (9.6%)	41 (3.5%)
기 타	33 (11.8%)	55 (16.3%)	45 (23.4%)	56 (19.7%)	11 (13.3%)	200 (17.0%)
계	279 (100%)	338 (100%)	192 (100%)	284 (100%)	83 (100%)	1176 (100%)

(출처 : LH)

<지하 안전 영향평가에 따른 용어설명>

지반침하
자연적 혹은 인위적인 다양한 요인에 의하여 지반이 넓은 면적이나 일정구간에서 자연적인 연약지반 또는 충분히 다짐되지 않고 인위적으로 형성된 지반이 오랜 시간 동안 서서히 가라앉는 현상

지반 함몰
지표면이 여러 요인에 의하여 일시에 붕괴되어 국부적으로 수직방향으로 꺼져내려앉는 현상의 학술 용어

땅 꺼짐
지반함몰의 순화된 용어. 대국민 및 대언론 홍보용 용어로 사용할 수 있음

공동
지질학적으로 지층 내에 생긴 빈 공간으로 다양한 형태와 분포가 불특정으로 나타나는 양상

싱크홀
석회암, 석고, 암염 등의 지층이 지하수와 지표수의 화학적인 영향에 의하여 하부 지반이 유실되어 지표층까지 깔대기 모양 또는 원통 모양으로 붕괴되는 현상. 대체로 대규모로 형성되는 경우가 많음

포트홀
도로포장제에 우수유입으로 인하여 도록 포장이 벗겨져 작은 구멍이 생기는 현상

(출처 : 국토교통부)

<인천 영종도 땅 꺼짐 현상>

(출처 : NEWSIS)

    2018년 1월부터 시행되고 있는 지하 안전관리에 관한 특별법 제34조(지하 시설물 및 주변 지반에 대한 안전 점검 등) 및 시행령 제13조(지하 안전 평가 대상 사업의 규모 등)의 지하굴착 공사를 수반하는 사업 시행 시 반드시 지하 안전 영향평가의 절차를 이행하여야 한다.

<지하 안전 영향평가 대상 및 종류>

구 분	지하 안전영향평가	소규모지하 안전영향평가	사후지하 안전영향평가	지하안전점검	지반침하 위험도평가
대 상	터널공사, 2m 이상 터파기 공사 수반사업	10m 이상 터파기 공사 수반사업	터널공사, 2m 이상 터파기 공사 수반사업	지하시설물 및 주변지반	지하시설물 및 주변지반
시 기	사업계획의 인가 또는 승인 전	사업계획의 인가 또는 승인 전	지하안전영향평가에서 제시한 시기	매년 정기적으로 실시	지반침하 우려가 있는 때
실시자	지하개발사업자	지하개발사업자	지하개발사업자	지하시설물관리자	지하시설물관리자
평가자	전문기관	전문기관	전문기관	지하시설물관리자	전문기관
평가 항목	지형 및 지질, 지하수 변화 등	지형 및 지질, 지하수 변화 등	공사의 적정성 지반 안전성 등	지표침하 공동유무	지형 및 지질 공동조사
제출 방법	전자적 제출	전자적 제출	전자적 제출	전자적 제출	전자적 제출
협의 또는 제출기관	국토부장관 및 승인기간의 장	국토부장관	국토부장관 및 승인기간의 장	시장·군수·구청장	시장·군수·구청장
평가 결과 활동	사업계획의 보정	사업계획의 보정	지하안전확보 및 재평가	지반침하 위험성 점검	중점관리대상지정 및 해제

<지하 안전 영향평가서 작성 항목>

평가서 작성 항목	지하안전 영향평가	소규모 지하안전 영향평가	착공 후 지하 안전 영향 조사서		
			최초	월간	최종
요 약 문	●	●	-	-	●
대상 사업의 개요	●	●	●	●	●
대상 지역의 설정	●	●	●	-	●
지반 및 지질 현황	●	●	●	-	●
지하수 변화에 의한 영향검토	●	●	●	●	●
지반 안정성 검토	●	-	●	●	●
지하 안전 확보방안 수립	●	●	-	-	-
지하 안전 확보방안 적정성 및 이행 여부 검토	-	-	●	●	●
종합평가 및 결론	●	●	●	-	●
착공 후 지하 안전 조사 시기	●	●	-	-	-
부 록	●	●	-	-	●

<흙막이 영향범위 검토 사례>

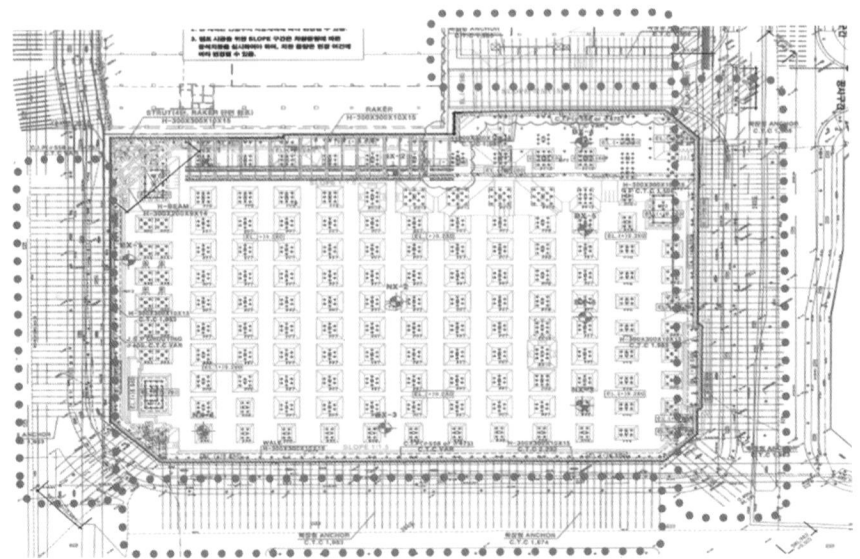

3. 흙막이 벽체 및 지지 공법선정

<가설 흙막이 벽체 및 지지방식의 형식>

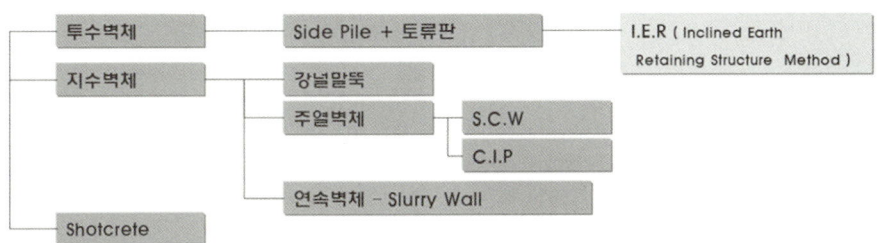

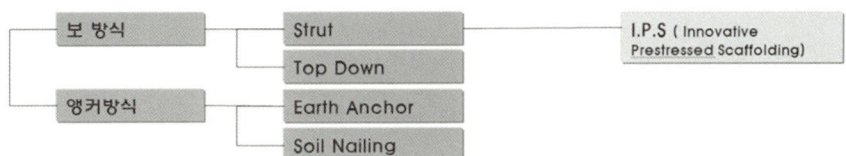

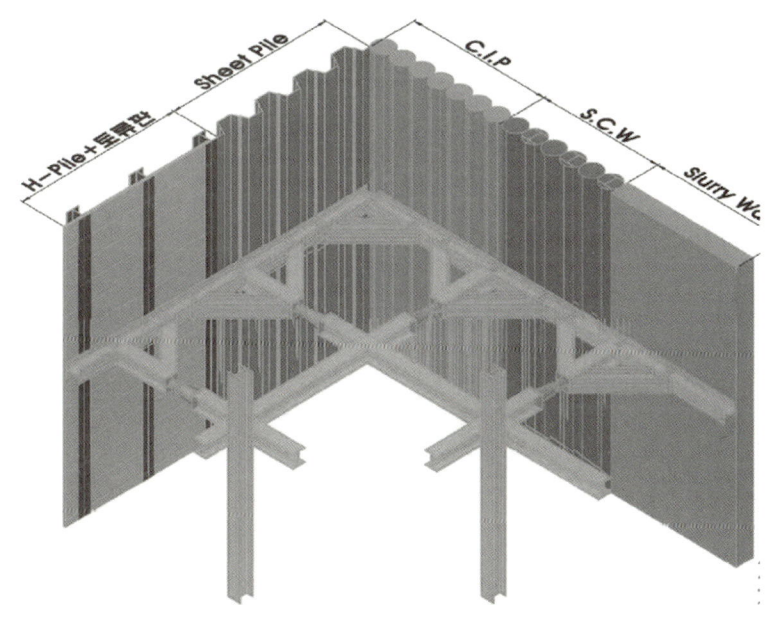

① 흙막이 벽체 공법선정

1) 엄지말뚝 가로널 공법

엄지말뚝 가로널 공법은 수직으로 설치한 엄지말뚝 (H-PILE)에 굴착의 진행에 따라 가로널 말뚝을 흙막이 벽으로 하여 굴착을 진행하는 공법이다.

<엄지말뚝 가로널 공법>

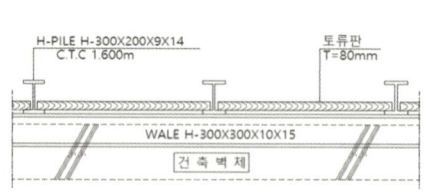 

2) 강널말뚝(Steel Sheet pile)

강널말뚝 공법은 접속성이 있는 강널말뚝을 맞물리게 하여 연속 타입하거나 매립하여 흙막이벽으로 하는 방법으로, 차수성이 좋아 하천, 항만, 지하수위가 높은 지반에 많이 사용되고 있다.

<강널말뚝 공법>

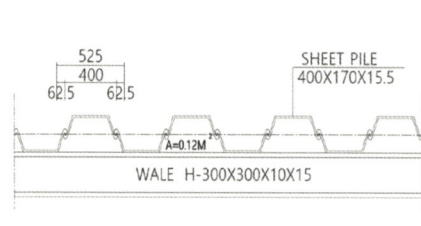 

3) C.I.P(Cast In Place Pile, 주열식 흙막이 벽체) 공법

C.I.P 공법은 지반을 천공하고 일정 간격으로 H형강과 철근을 교차 삽입한 후 콘크리트를 타설하 현장타설 말뚝을 형성시켜 이를 흙막이 벽체로 이용하는 공법이다.

<C.I.P 공법>

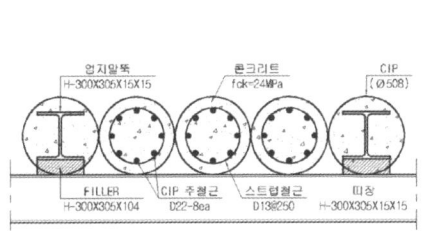

4) 소일시멘트(Soil cement wall, 겹침 주열식 흙막이 벽체)

S.C.W 공법은 주열식 지중벽으로 계획심도까지 천공 후 주입제를 주입, 벽체를 형성하고 H-Pile을 응력재로 삽입하여 토류벽을 형성시키는 공법이다.

<S.C.W 공법>

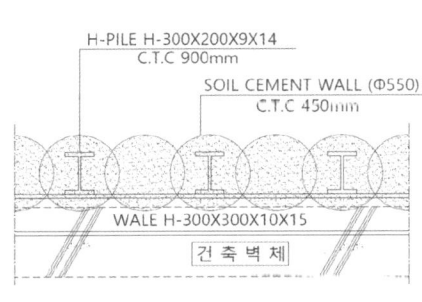

② 흙막이 지보 공법 선정

1) 자립식(중력식, Cantilever)

자립식 공법은 버팀보, 띠장 등의 지지구조를 적용하지 않고 흙막이 벽체의 휨 저항 및 근입부의 지반의 횡 저항에 의해 토압을 지지하고 굴착을 진행하는 공법으로 굴착 심도는 5.0m 내외로 제한되는 것이 일반적이다. 최근 적용 재료 및 시공기술의 향상에 따라 여러 종류의 자립식 공법이 제안되고 있으며, 최대 10m까지 적용하는 경우도 있다.

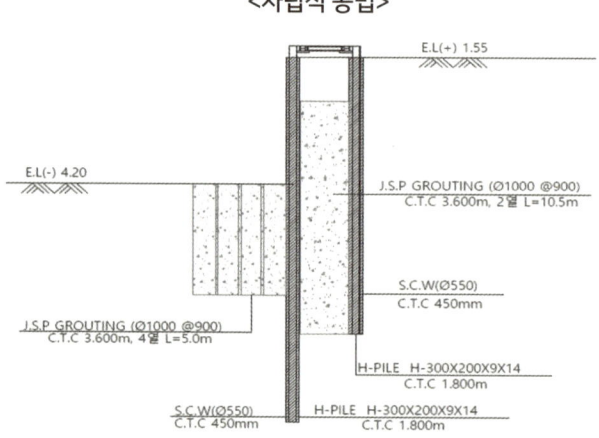

<자립식 공법>

2) 버팀대식(Strut)

H형강을 이용해 버팀보와 띠장 등의 지지구조로 지지하며 굴착을 진행하는 공법으로 도심지 굴착 시 가장 많이 적용된다.

<버팀대식 공법>

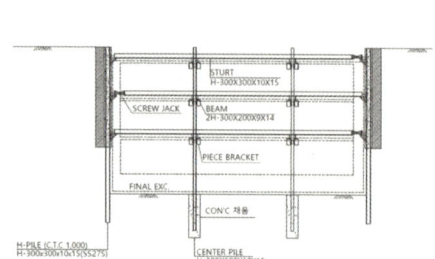

3) 조립식 간이 흙막이 공법

버팀지지 형식과 유사하나 조립식 간이 흙막이 공법은 H형강을 이용하여 엄지말뚝과 버팀보를 사전 제작한 후 현장에 반입, 굴착과 함께 지중에 가설 흙막이 구조를 형성하는 공법이다.

4) 경사고임대(Raker)

굴착현장의 폭과 길이가 길 경우 버팀보를 수평으로 반대쪽 흙막이 벽체에 지지시키는 대신 굴착 내부로 경사지게 설치하여 지지하는 공법이다. 이 공법은 상대적으로 지지 강성이 불안전한 형식으로 굴착심도가 얕고 지반 조건이 좋은 경우에 적용하여야 한다.

<경사고임대 공법>

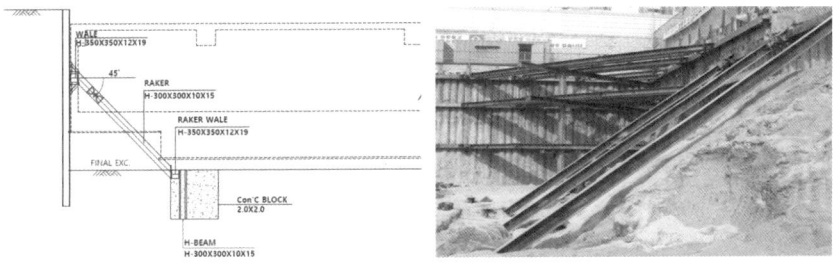

5) 지반앵커(Ground anchor)

굴착 주변 지반의 활용이 가능할 경우 지중에 앵커를 설치하여 토압 및 수압 등의 외력을 지지하는 공법이다.

<지반앵커 공법>

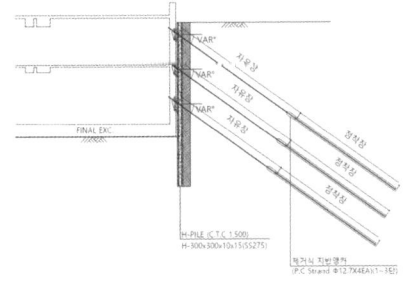 

6) 네일(Nail)

네일 공법은 인장응력, 전단응력 및 휨모멘트에 저항할 수 있는 보강재(철근 등)를 지반 내에 앵커공법에 비해 좁은 간격으로 삽입함으로써 원지반의 전단저항력과 활동 저항력을 증가시켜 안정성을 확보하는 공법이다.

<네일 공법>

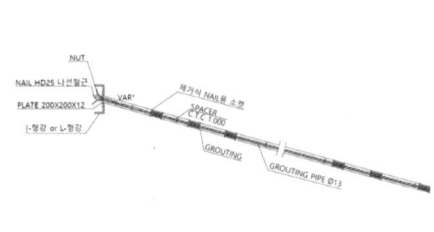 

7) 록 볼트(Rock bolt)

보강재(철근 등)를 지반에 설치하여 안정을 확보하는 공법으로 일반적으로 단계별 터파기 후 지압 PLATE를 이용하여 두 개를 한조로 묶거나 숏크리트를 타설하여 벽면과 일체화 시켜 토압에 저항한다.

록볼트 공법은 5.0m 내외로 인력으로 시공이 되는 경우가 많아서 자립성이 좋은 지반이나 암반이 출현하는 경우에 적용한다.

<록볼트 공법>

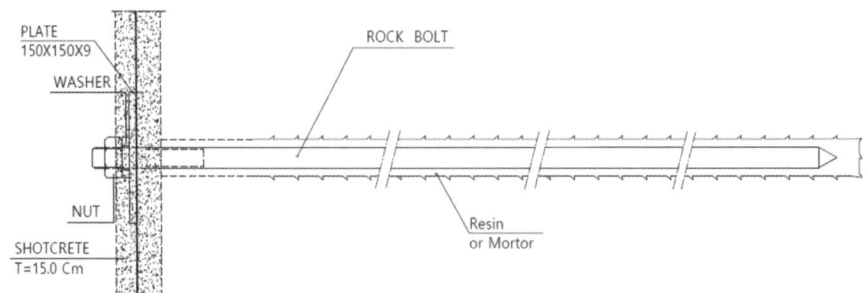

8) 타이 로드(Tie load)

강재널말뚝을 사용한 흙막이 공사는 띠장으로부터 전달되는 측압을 타이로드(원형 또는 각형의 봉강이나 강선; 인장재)를 설치하여 정착부재에 전달하는 공법이다. 일반적으로 타이로드 공법은 6m 내외의 굴착심도에 적용하며, 지하수위 하부에 설치될 경우 별도의 방청 조치를 고려하여야 한다.

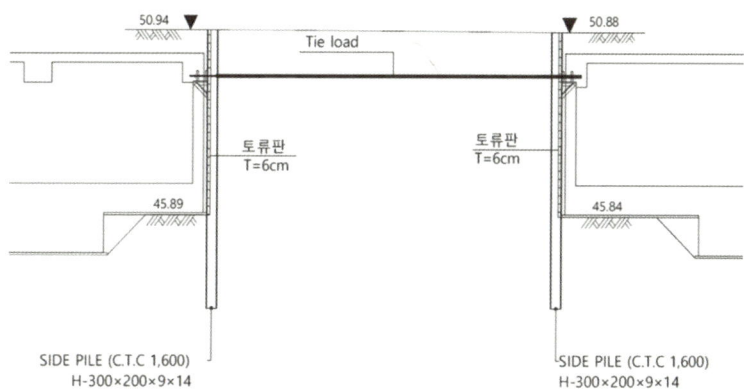

<타이로드 공법>

③ 엄지말뚝 천공장비 와 토질별 굴착장비

<엄지말뚝 천공장비 선정 종류>

전주오거

백호오거

항타기

<토질에 따른 굴착 장비>

일반 Auger
(토사천공)

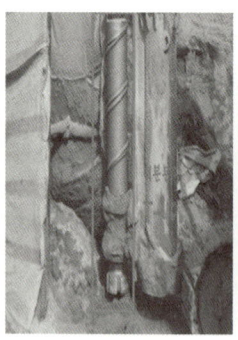
T-4 <상하운동>
(풍화암,연암)

토네이도<상하&회전>
(연암.경암)

트리콘 비트<회전>
(연암.경암)

4. 차수공법

1) L.W(Labiless Wassen Wasserglass) 공법

지반 내 맨젯튜브를 삽입한 후 더블패커를 설치, 주입시 지중에 주입하는 공법으로 소규모 장비로 시공이 가능하지만 겔타임 조절이 용이하지 못하여 지반에서 상대적으로 차수 성능이 저하될 수 있다.

시간 경과에 따라 알칼리성 약액(규산소다) 용탈현상으로 내구성 저하 및 환경에 영향을 줄 수 있다.

2) S.G.R(Space Grouting Rocket System)

이중관 주입롯드에 특수선단장치를 결합시켜 대상지반에 유도공간은 항성, 주입재를 주입하는 공법으로 장비가 소규모이며, 겔타임 조절이 용이하다.

저압주입으로 지반교란 및 인접구조물에 미치는 영향이 적고 차수성은 양호하지만 시간 경과에 따라 내구성이 저하된다.

3) MSG(Micro Silica Grouting) 공법

마이크로시멘트와 규산소다를 주입재로 사용하며, 장비가 소규모이고 겔타임 조절이 자유롭다. 저압주입으로 지반교란 및 인접구조물에 미치는 영향이 적으며, 차수성은 양호하지만 시간경과에 따라 내구성이 저하된다. 타 공법 대비 주입재의 가격이 고가이다.

4) A.G.S(Automatic Grouting System) 공법

활성 실리케이트 약액을 주입재로 사용하는 공법이다. 주입재의 내구성이 향상된 주입공법으로 주입장비가 소규모이며 주입재인 실리케이트 약액은 지하수에 의한 용탈현상이 적다. 자동주입장치를 통해 주입재 관리를 자동으로 관리하여 상대적으로 시공 안정성 측면에서 유리하다.

5) S.M.I(Space Multi-Injection Grouting) 공법

상하로 분리된 분사노즐에서 순결재와 완결주입재를 동시에 분사하는 주입장치와 비알칼리성 실리카졸을 사용한 약액주입공법으로 다중관을 통해 침투 주입으로 주입 효과를 향상시켰으며, 실리카졸 사용으로 용탈 현상이 알칼리성 약액에 비해 양호하다.

6) EGM(Eco friendly Grouting Method) 공법

지반 내 이중관 주일롯드를 설치한 후 주입선단장치를 이용하여 대상 지반 중에 형성시킨 유도공간을 통해 급결성과 완결성의 석고계 주입재를 저압에 의해 연속으로 주입하는 저압 침투주입 공법이다.

5. 흙막이 중점 관리 방안

흙막이 벽의 변형발생 주요 요인은 흙막이 벽의 수평변위에 따른 배면토의 이동으로 인한 침하, 버팀보 설치지점으로부터 과굴착으로 인한 침하, 흙막이 벽의 휨 강성 부족 및 버팀대 설치의 지체와 엄지말뚝 관입시 천공작업의 진동으로 인한 압축 침하, 지하구조물 시공과 뒷채움 시공 불량으로 인한 배면 지반의 변형 등에 의해 지반 변위가 발생한다.

<흙막이 중점관리 항목>

① 스트러트좌굴
② 측압
③ 보일링
④ 히 빙
⑤ Piping
⑥ 피 압 수
⑦ 소 단 (과굴착)
⑧ 상,하수도관 파손

히빙: 지표 재하 하중의 중량에 못 견디어 흙막이 저면흙이 붕괴되어 바깥에 있는 흙이 안으로 밀려 볼록하게 되어 파괴되는 현상

굴착에 의한 배면 지반 변위를 산정한 후 설계지침이나 건축기준 등에 규정되어 있는 허용량을 기준으로 인접 구조물의 손상 여부를 분석하고 필요시 대책을 강구해야 한다.

<토압적용 방안(Rankine 토압, Peck 토압, Peck(토사+Rankine(암반))>

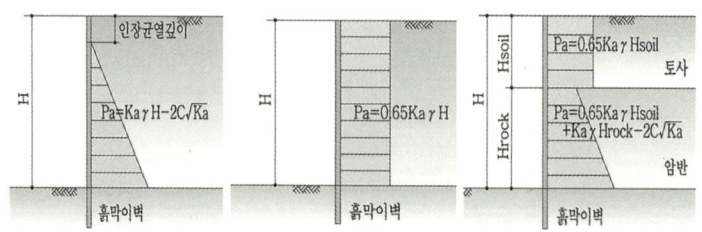

6. 제언

　가설 흙막이 붕괴 사고는 매년 반복되고 있다. 이로 인해 해빙기나 우기 건설현장 안전점검 활동이 많아지고 있어 붕괴 사고가 다소 줄어들고 있는 실정이다. 그러나 최근에는 육안으로 관찰되지 않은 땅꺼짐 현상이 급속도로 발생하여 빈도수가 늘어나고 있는 실정이므로 이에 대한 각별한 대책이 요구된다.

　설계 단계에서는 가설흙막이 공법의 경제적이고 안정성이 확보 되는 공법과 지반조건에 적합한 차수공법의 선정이 필요하다.

　시공 단계에서는 공기단축을 위한 과굴착 금지, 굴착 중 배수대책, 흙막이 배면 상단의 배수시설과 지표수 유입방지, 안전통로 확보 등이 관리되어야 한다.

　유지관리 단계에서는 정보화 시공에 의한 지중경사계, 지하수위계, 수압계, 지표침하계, 주변 건물 기울기계 등에 의해 관리 되어야 하며 기준치 이상 변위 발생 시 매뉴얼에 의한 초기대응이 가장 중요할 것이다.

<흙막이 계측기의 종류>

* 참고문헌 :
- 시설물 인접 가설 흙막이 공사의 안전성 확보방안(LH토지주택연구원)
- 지하안전관리에 관한 특별법

류 수 민(柳 秀 愍)

<주요 학력>
중앙대학교 심리서비스대학원 안전, 리더십, 코칭심리학 전공

<소속>
리안에듀케이션 대표

<주요 경력>
포스코컨소시엄 전임강사
한국건설안전기술사회 교수
안전보건진흥원 강사

<강의 활동>
포스코, 포스코건설, 현대건설, 롯데건설, 태영건설
GS칼텍스, SK스페셜티, 현대엔지니어링 외 다수

<저서>
공학 전공을 위한 필수 지침서 공학윤리(공저. 2022)

중대재해처벌법

Chapter 6

안전의 꽃을 피우는
안전문화 구축 방안

류 수 민

1. 안전의 꽃을 피우는 안전문화 구축 방안
2. 경영진의 역할
3. 관리자, 리더의 역할
4. 근로자의 역할

1. 안전의 꽃을 피우는 안전문화 구축 방안

어느 여고에서 근무 중인 선생님이 고민에 빠졌다. 담임을 맡고 있는 반 학생들이 학교 화장실 거울에 립스틱 바른 입술을 자꾸 찍어서 미화 담당 여사님의 민원이 제기되었기 때문이다. 어떤 아이가 화장실에서 화장을 고치다가 립스틱 바른 입술을 재미로 거울에 찍었는데 이를 본 친구들이 너도 나도 거울에 자신의 입술을 찍으며 재미있어 했다. 립스틱 자국으로 지저분해진 거울을 매일 닦던 미화원은 유분기 많은 립스틱 자국이 잘 지워지지 않아 힘들다고, 담임 선생님에게 아이들의 행동을 막아달라는 하소연을 한 것이다. 선생님은 처음 한두 번 아이들에게 이와 같은 바람직하지 못한 행동을 그만둘 것을 말로 전달했지만 아이들은 듣지 않았고 장난은 계속되었다.

만약 여러분이 선생님이라면 어떤 방법으로 이 문제를 해결할 것인가? 이 질문을 건설업 관리감독자와 안전관리자 교육 시 똑같이 해 보았다. 수백 명이 되는 인원의 대답은 정말 다양했는데 대략 다음과 같다.

> **<학생들의 바람직하지 못한 행동을 없애는 방법>**
>
> 거울을 없앤다. 거울에 교장 선생님 사진을 부착한다. 거울에 약품을 바른다. CCTV를 설치해서 적발된 학생에게 벌점을 준다. 감시자를 배치한다. 학생들에게 직접 청소를 시킨다. 거울에 더러운 물질을 묻힌다. 화장실에 경고장을 붙인다. 미화원이 힘들게 화장실 청소하는 장면을 보여준다. '당신의 어머니가 청소해도 이렇게 하겠습니까?'와 같은 감성 문구를 부착한다. 세면대의 폭을 넓혀 입술이 거울에 닿지 않게 한다.
> 거울을 천장에 부착한다. 립스틱 바른 입술을 찍는 거울을 따로 마련해 준다. 포토존을 예쁘게 꾸며 그곳에 찍게 한다. 거울에 다가가면 어두워지는 특수 장치를 설치한다. 거울에 물이 흐르게 한다. 거울에 특수 코팅지를 부착해 립스틱이 묻지 않게 한다. 거울에 필름을 붙여 수시로 뗄 수 있게 한다. 등

의견들을 종합해 보면 크게 4가지 영역으로 구분됨을 알 수 있다.

첫째, 처벌이나 강압적 방법을 통한 행동 통제,

둘째, 정신 계몽 목적의 교육,

셋째, 물리적 제재를 통한 접근 방지,

넷째, 바람직하지 못한 행동을 자율적 행동으로 바꿀 환경 조성 등이다.

이 중 가장 효과가 클 것으로 예상되는 방법은 세 번째다. 거울을 천장에 부착하거나 세면대 폭을 넓히는 등 물리적 제한 사항이 있다면 립스틱 바른 입술을 거울에 찍고 싶어도 못 찍는 환경이 조성되기 때문이다. 그런데 학교 예산이 부족하여 그런 장치를 마련해 주지 못하는 상황이라면?

다음으로 효과적인 방법은 학생들 스스로가 자신의 바람직하지 못한 행동을 깨닫고 행동을 변화시키는 방법일 것이다. 그것이 교육적인 방법이든 감성에 호소하는 방법이든 간에 자발적 행동 변화에 대한 중요성을 인지하고 교육에 참여해야 가능한 방법이다. 그런데 다른 일도 많고 늘 바쁜 선생님 입장에서는 그냥 처벌이나 징계와 같은 강압적인 방법을 쓰는 것이 돈과 시간을 들이지 않고 쉽고 빠르게 문제를 해결할 수 있는 방법이 될 것이다. 물론 선생님도 교육자의 입장에서 학생들에게 비전을 심어 주고 바른 행동을 할 수 있도록 다양한 프로그램을 만들어 함께 참여하는 산 교육을 하고 싶지만, 교장 선생님 눈치도 봐야 하고, 학교의 전반적인 분위기에도 맞지 않으며 밀려 있는 업무를 처리하는데도 머리가 아파 이상과 현실의 차이를 다시금 깨닫고 늘 하던 대로 학생들을 지도하게 될지도 모른다.

이 예시는 안전에 대한 관리자의 생각과도 밀접하게 연결된다. 작업 현장에서 근로자들의 불안전한 행동이나 규칙 위반 등의 바람직하지 못한 행동에 대한 관리자의 대처 방법이 평소의 문제해결 방식과 크게 다르지 않다는 것이다.

2022년 1월 중대재해처벌법이 시행되면서 산업현장에서의 안전교육과 안전문화 구축 활동이 바쁘게 진행되고 있다. 많은 기업들이 이론만 전달하는 의무적 안전교육 방식에서 벗어나 조직의 안전문화 기반을 어떻게 마련해 나갈 것인지에 대한 고민도 깊어지고 있다. 관련법의 처벌에 대처하기보다는 조직의 핵심 가치를 안전으로 삼고 전반적인 조직문화를 개선하기 위한 노력에 힘을 쏟는 모습은 매우 긍정적인 변화이다.

2021년 산업재해 통계를 보면 사고로 인한 사망자 수가 828명으로 역대 최저치를 기록했다. 하지만 이 최저치는 단순히 숫자의 비교에 불과할 뿐 8백 명이 넘는 사람들이 여전히 추락이나 끼임과 같은 재래형 사고로 귀중한 목숨을 잃었다. 앞서 여고 화장실 예시처럼 거울을 천장에 부착하거나 세면대를 넓히는 물리적 환경 조성과 같이 작업 현장에서도 근로자들이 불안전한 행동을 아예 할 수 없는 환경을 마련해 준다면 안전사고 발생도 현저히 줄어들지 모른다. 모든 작업 공정의 기계화나 사람이 할 일을 로봇이 대체해 준다면 안타까운 인명 사고를 막을 수 있겠지만 비용이나 환경적 제한으로 사실 불가능한 일이다. 그렇다면 가장 시급한 대책은 위험에 대한 근로자의 인지와 행동 변화일 것이다.

산업재해 중 사고로 인한 사망사고의 90% 가까이가 작업자의 불안전한 행동이 원인이므로 이를 안전한 행동으로 바꾸면 재해의 90% 이상을 막을 수 있다는 결론이다. 근로자의 불안전한 행동을 안전 행동으로 바꾸기 위한 노력은 근로자 혼자만이 하기에는 어려운 일이므로 조직 차원에서의 관심과 노력이 절대적으로 필요하다. 이에 조직 구성원 모두가 책임 의식을 가지고 각자의 자리에서 그 역할을 다해야 한다. 장기적인 목표로 안전문화를 구축하기 위한 구성원별 역할은 다음과 같다.

2. 경영진의 역할

1) 안전관리에 대한 이해 확대

안전문화가 조직의 핵심 가치로 자리 잡기 위해서는 무엇보다 CEO와 경영진의 안전관리에 대한 이해가 확대되어야 한다. 일반적인 안전관리로 사고빈도, 사고비율, 심각한 사고비율 등에 초점을 맞추고 사고 발생 시 사고조사, 특별교육, 특별점검, 사고 발생 후 사고 조사나 유사사례 예방과 같은 안전관리 방식은 결과 중심의 후행지표 관리이다. 또한 사고가 발생했을 때 책임자 문책이나 인사고과 불이익 등의 처벌적 방법이 적용된다면 '안전은 지키지 못하면 처벌을 받는 것'이라는 부정적인 분위기가 조성될 수 있다. 그러나 안전보건 프로그램의 운영, 안전한 기계, 기구의 사용, 근로자의 안전 행동 수준과 같은 안전, 불안전 행동과 조건들에 대한 지표를 관리함으로써 안전에 대한 일상의 선행지표 관리가 되게 하는 것이 사고 예방을 위한 효과적 안전관리가 될 것이다. 또한 기존의 안전관리가 경영진에 의해 설계되었다면 성공적인 안전관리를 위해 모든 직원이 참여한 설계가 되어야 한다. 안전에 대한 명확하고 구체적인 목표 설정을 위해 불안전한 행동의 감소 대책보다는 안전 행동의 증가를 위한 대책이 필요하며 이를 통해 안전 행동 관리에 대한 결과보다 과정을 중요시하는 조직의 핵심 가치가 성립될 수 있다.

<그림 1> 안전문화의 12가지 요소

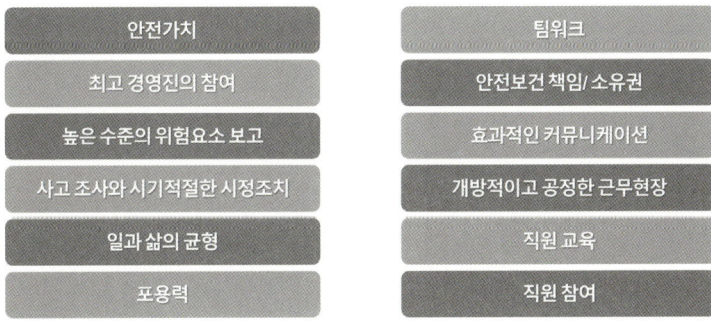

(출처: 로이드 인증원)

2) 소통하는 조직

'직장에서 나의 의견이 중요하게 받아들여지는가'에 대한 조사(2017년 갤럽)가 있었는데 응답자 10명 중 3명만이 '그렇다'고 대답했다. 이 3명이 6명으로 늘어날 때 조직에서는 어떤 변화가 생길까? 이직률이 27%, 안전사고가 40% 감소하고 생산성이 12% 향상되는 결과를 가져온다는 분석이 있다.

직장에서 내가 하고 싶은 말을 다 하면서 다니는 사람은 없겠지만 간혹 어떤 문제에 대한 개선점이나 요구사항을 말했을 때 받아들여지지 않고 변화가 없다면 구성원들은 자율적인 의견 제시보다 침묵을 선택하게 될 것이다. 침묵은 직원의 역량 발휘를 저해하며 소통을 가로막는 걸림돌이 된다. 업무 관행과 프로세스 개선을 위한 창의적이고 건전한 아이디어를 제안하고 조직에 부정적인 영향을 미치는 관행, 사건, 행동에 대해 직급 구분 없이 자신의 소신을 말할 수 있을 때 상호 존중과 신뢰가 가능한 조직문화가 만들어지는데, 구성원들은 솔직하고 투명하게 소통하고 결정된 사안에 대해 강하게 실행하는 능력을 갖춘 리더를 원했다. 상사의 명령이나 지시가 늘어날수록 회사에 대한 소속감이 줄어들고 부정적인 감정이 쌓이게 되지만, 부하 직원들에게도 발언권의 기회를 줄 때 회사에 대한 주인의식과 긍정주의가 향상된다고 했다. 특히 안전에 있어서 자유로운 소통은 더욱 중요하다. 위험 상황이 닥쳤을 때 평소대로 발언권의 기회가 없고 억압된 분위기라면 자칫 더 위험한 상황에 빠질 수 있다. 이러한 침묵이 부른 참사가 있었는데 바로 1977년 발생한 사상 최악의 항공기 사고 테네리페 참사이다.

1977년 3월 27일 스페인 테네리페공항 활주로에서 두 여객기가 충돌하여 총 583명이 사망하고 61명이 부상 당한 사상 최악의 항공기 인명 사고가 있었다. 단일 사고로는 가장 많은 탑승객이 사망한 항공 업계 사상 최악의 참사였다. 네덜란드 항공기 KLM과 팬아메리칸 항공기의 충돌사고로, 도착지였던 카나리아 제도에 다다를 때 즈음 도착지 라스팰머스 공항에 폭발물을 설치했다는 교신을 받고 공항이 임시 폐쇄되면서 두 항공기는 테네리페 공항으로 회항하게 된다. 활주로에서 대기 중이던 팬암기가 이륙 준비를 하는 사이 KLM 기장은 비행기에 연료를 가득 채우라고 부기장에게 지시했다. KLM 기장은 부조종사와 기관사의 만류에도 불구하고 윽박지르며 "무슨 일이 생길지 모르니 연료를 가득 채워야 한다"며 고집을 부렸다. KLM기의 이륙 지연으로 좁은 활주로 위에 있던 팬암기도 이륙이 지연되었다. 조급해진 KLM 기장은 관제탑의 이륙허가가 떨어지기도 전에 속도를 높여 이륙을 시도했으나 전파잡음으로 관제탑과의 정확한 소통이 되지 않았다. 그런데 부기장들은 팬암기가 아직 활주로에 있다는 위험과 이륙허가를 기다리자는 말을 기장에게 하지 못했다. 왜냐하면 조종사 면허발급 및 갱신의 막강한 영향력을 가지고 있는 기장의 권위에 침묵할 수밖에 없는 조직의 위계질서 때문이었다. 결국 무리하게 이륙을 시도한 KLM기는 활주로에 있던 팬암기와 충돌을 하고 최악의 인명 사고를 내게 되었다.

이는 목숨이 위태로운 상황에서도 수직적 위계질서가 조직을 위험에 빠뜨리게 되는 사실을 단적으로 보여준 사례다. 이 때문에 부기장뿐만 아니라 583명의 무고한 목숨도 조직의 불협화음에 희생당했다. 부기장은 기장에게 문제를 제기했을 때의 혜택(비행기의 충돌을 피하는 상황)은 한참 후에 나타나지만 그로 인한 손실은 즉각적으로 내게 영향을 미친다는 생각(기장의 짜증 섞인 반응과 분노)에 기장에게 맞설 용기가 없었다.

이 사고 이후 조종사들의 의사결정 과정이 획기적으로 변하게 되었는데 잘못된 상황이 감지될 때마다 적극적으로 자신의 의견을 피력하라고 훈련을 받았고 기장은 부기장과 승무원의 의견에 귀 기울이도록 교육받았다. 이러한 지침은 의료산업으로까지 확대되어 산모와 신생아의 안전에도 기여하는 계기가 되었다.

반면 자유로운 의사소통으로 안전을 향상시킨 기업도 있다. 수십억 달러 규모의 광업 기업인 앵글로 아메리칸은 100년의 역사와 더불어 15만 명의 직원을 둔

세계적 광산업체이다. 앵글로 아메리칸의 여성 CEO 신시아 캐롤은 광산 중에서도 악명 높고 험난하여 연평균 40명의 사망자가 발생하는 루스텐버그 광산의 수백 피트 지하 현장을 직접 방문하고 너무나도 열악한 환경에 큰 충격을 받았다. 그리고 문제를 개선할 때까지 세계 최대이자 가장 수익성이 높은 백금광산을 9주 동안 폐쇄하기로 결정했다. 보수적인 조직문화에서 CEO가 광산을 직접 방문한 것도 큰 사건이었지만 적지 않은 손해를 무릅쓰고 조직의 안전문화 개선을 위해 이와 같은 결단을 내린 것은 기존의 조직이 엄두도 못 낸 일이었다.

신시아 캐롤은 "감독자가 지켜보는 가운데 하루 종일 지하에 갇혀 일만 하는 사람들에게 무슨 권한이 있었을까요? 그래서 광부 한 명 한 명에게 물었습니다."라며 '사고율 0퍼센트 달성'을 위해 작업 안전에 관한 조언을 광부들에게 직접 구하겠다는 초강수를 두었다. 또한 남아프리카 정부와 광산 관련 단체들을 한자리에 모아 '안전'이라는 공통의 목표를 추구하며 신뢰를 쌓아갔다. 직원들이 자기 업무의 중요성을 인지하고 조직 안에서 자유롭게 의사소통을 나눈 결과 다시 운영을 재개한 광산의 광부 사망 건수는 불과 5년 만에 62%를 감소시키는 놀라운 결과를 가져왔다.

CEO가 직접 나서서 조직의 안전문화를 개선하고 소통의 창구를 확대했더니, 재해 감소와 더불어 회사의 장기적인 성과와 안전을 가져올 수 있었던 것이다.

이렇듯 조직에서 직급 구분 없이 나의 의견을 자유롭게 말할 수 있고 그것이 반영되어 내가 작업하는 환경이 개선된다면, 나아가 그것이 나의 안전과 직결되는 문제라면 원활한 소통 분위기 조성이야말로 안전문화를 구축하는 데 있어 우선적으로 필요한 사항일 것이다. 따라서 구성원들이 자유롭게 의견을 말하고 문제점을 제안할 수 있는 조직의 분위기를 만들어 주는 것은 CEO와 경영진의 필수 역할이라 할 수 있겠다.

3) 처벌 및 징계

글의 서두에서 언급한 여고 화장실 거울에 립스틱을 찍는 문제에서 가장 많이 나온 답변이 처벌에 관한 내용이었다. 구성원의 행동 변화, 혹은 바람직하지 못한 행동에 대한 대응 방법으로 감시나 처벌, 징계 등이 많이 거론되었다. 그런데 잘못에 대한 지적을 받을 때 사람의 심리는 자기 자신의 잘못을 쉽게 인정하기보다는 억울한 마음에 변명을 하게 되며 일단은 감정이 상하면서 반발심이 들게 된다. 모 회사에서 근로자가 출근 시 오토바이 사고가 났는데 출퇴근 시 오토바이와 자전거를 이용하지 말라는 지시가 내려졌다고 한다. 셔틀버스를 운행하기는 하지만 자전거로 출퇴근할 때보다 많이 불편해져서 아침부터 불만이 가득한 상태로 출근하게 되며 이 마음이 작업을 할 때까지 이어진다고 말한 근로자가 있었다. 직원 한 명의 부주의로 인해 발생한 사고를 그 근본 원인을 찾아 해결하는 것이 아니라 다른 직원들까지 무조건 다 같이 못하게 지시를 내리는 것은 이치에 맞지 않고 부당한 처우라는 것이다.

처벌의 문제점은 직원들이 처벌 시스템 자체를 거부하거나 자신들을 통제하는 시스템을 피하는 방법을 찾게 된다는 것이다. 아무것도 하지 않으면 처벌을 받지 않으니까 회사 정책에 무관심하거나 아예 참여를 안 하게 되고 공격적 성향이 있는 사람은 이런 시스템에 보복의 마음을 가질 수 있다는 것도 배제할 수 없다. 따라서 처벌은 단기적으로 문제해결에 효과가 있어 보이나 장기적으로 볼 때 직원들이 마음속에 불만을 품은 채 일을 하게 되고 이것은 업무의 몰입도나 조직의 충성도를 약하게 할 수 있다. 조직은 위험 행동을 타깃으로 하고 교정적 피드백, 질책 또는 징계 조치를 이용해 위험 행동 감소를 시도해 왔으나 이러한 접근은 안전 행동에 관한 인식을 강조하는 행동 기반 접근보다 덜 효과적이다. 올바르지 못한 행동에 대한 질책보다 올바른 행동에 인정, 칭찬(credit)이 더 자주 주어진다면 근로자들이 안전 관리에 참여하게 하는 것이 더 쉬울 것이다. 부정적 결과의 과도

한 사용은 직원들의 바람직하지 못한 감정과 태도를 이끌 수 있다. 그러나 근로자의 의도적 규칙 위반으로 인해 회사의 규율이 무너지고 다른 사람들에게까지 피해를 준다면 이때는 처벌 및 징계를 피할 수 없다.

처벌 및 징계를 결정하기 전 고려해야 할 사항은 다음과 같다. 이 사람의 행동이 의도적이고 규칙을 고의로 어겼는가? 이로 인해 다른 근로자들이 어느 정도 위험에 빠졌는가? 무엇이 이 사람에게 불안전 행동을 하게 하고 얼마나 자주 하게 하는가? 얼마나 자주 처벌을 회피해 왔는가? 등이다. 그러기 위해서는 근로자의 불안전 행동에 대한 원인을 파악할 필요가 있다. 예를 들어 근로자 일곱 명이 안전모를 착용하지 않았거나, 제대로 된 안전모를 선택하지 못한 불안전한 행동을 했다고 가정하자. 불안전 행동이라는 면에서 이 일곱 명은 동일하지만, 그렇게 행동한 원인은 다음과 같이 저마다 다 다를 수 있다.

첫 번째 근로자: 안전모를 착용하고 있지 않았다. 그는 현장에 출입하기 전에 안전모 착용하는 것을 깜박 잊고 그냥 들어왔다고 한다. 이것은 단기기억 실패에 따른 망각으로 불안전 행동이다.

두 번째 근로자: 안전모를 확인해 보니 B형(떨어짐 방지용)이 아닌 A형(맞음 방지용)을 착용하고 있었다. 그는 안전모 안쪽에 있는 라벨을 확인해야 했으나 다른 생각을 하다 확인하는 것을 잊고 손에 잡히는 대로 쓰고 왔다고 말했다. 이는 부주의에 따른 단순 실수인 불안전 행동이다.

세 번째 근로자: 역시 B형이 아닌 A형 안전모였다. 그는 안전모 라벨을 확인한 후 착용했다고 한다. 그는 떨어짐 사고 방지용이 A형으로 알고 있었다고 대답했다. 이것은 의도적으로 A형을 쓴 행동으로 규칙(rule)을 잘못 알고 적용한 규칙

기반 착오에 의한 불안전 행동이다.

네 번째 근로자: 안전모가 역시 B형이 아닌 A형이었다. 그는 아예 A, B, E형이란 것이 있는지 교육도 못 받았고 알지도 못했다고 한다. 안전모는 다 동일한 것으로 알고 썼다고 말했다. 이러한 불안전 행동을 지식 기반 착오라고 한다.

다섯 번째 근로자: 안전모를 착용하고 있지 않았다. 이 근로자는 이 작업에 안전모 B형을 착용해야 하는 것을 알고 있었다. 그러나 작업 현장은 높지 않다고 판단했고, 안전모 착용이 불편하다고 생각했다. 다른 근로자도 대부분 착용하지 않아 자기도 그렇게 했다고 한다. 이는 일상적 위반인 불안전 행동이다.

여섯 번째 근로자: 안전모를 착용하고 있지 않았다. 이 근로자도 안전모를 착용해야 하는 것을 알고 있었지만, 현장 출입 시 남은 안전모가 없었고 급하게 현장에 들어갔다 와야 했으므로 안전모를 착용하지 못했다고 한다. 이는 상황적 위반이다.

일곱 번째 근로자: A형 안전모를 착용하면 안 되는 것을 알지만 B형이 없어서 우선 급한 대로 A형을 착용했다고 한다. 이 근로자는 예외적 위반을 했다고 볼 수 있다.

여기에서 불안전 행동에 대한 관리는 다음과 같이 진행하는 것이 바람직하다.

- 실수/ 망각
- 작업자가 효율적으로 작업할 수 있도록 작업 시간을 더 세밀하게 계획한다.
- 작업자의 실수 방지를 위해 기계 설비 보완 및 훈련을 실시한다.

- 규칙 기반 착오/ 지식 기반 착오
- 규정이나 절차를 잊었거나 전혀 이해하지 못한 경우 잘못된 결정과 실수가 발생할 수 있으므로 반복적인 교육과 훈련이 필요하다.

- 위반
- 불안전 행동의 가장 고질적인 문제
- 위반 행동 방지를 위해 작업자 관리 감독을 강화한다.
- 의도적 위반이 반복될 경우 징계나 처벌을 고려한다.

자신의 불안전 행동에 대한 근로자의 반응은 다음과 같이 나타날 수 있다.

<표 1> 불안전 행동의 내용과 근로자 반응

인적 오류			내용	근로자의 반응 예
비의도적 행동	숙련 기반 오류 (skill based error)	망각(lapse)	단기 기억으로의 회상 및 기억 불능	깜빡했어요
		실수(slip)	부주의 등에 의한 단순 오류	단순 실수였어요
의도적 행동	착오 (mistake)	규칙 기반 착오 (rule based mistake)	규칙의 잘못된 적용 혹은 잘못된 규칙 학습	앗, 그게 아니었나요?
		지식 기반 착오 (knowledge based mistake)	추론, 유추 등의 인지적 과정에서 발생하는 오류	앗, 전혀 몰랐어요
	위반 (violation)	일상적 위반 (routine violation)	평상 시 작업 규칙과 절차 등을 위반	평소 다들 이렇게 해요
		상황적 위반 (situational violation)	특수한 상황(시간 압박 등)에서 규칙을 위반	급해서 그랬어요
		예외적 위반 (exceptional violation)	생소한 상황에서 문제를 해결하고자 규칙을 어기는 위반	이렇게라도 해보려고 했어요

불안전 행동에 대한 원인과 대책에 대해 독일의 지멘스는 다음과 같이 제시하고 있다.

<표 2> 불안전 행동 원인과 대책: 독일 지멘스(Gimens)

불안전 행동 원인	대책 예
작업 시간 압박	표준 시간 완화
주의 산만	휴식 시간 부여
작업 미숙	교육훈련 강화
직무/작업 스트레스	직무 스트레스 완화
과도한 작업 부하	적정 작업량 부여
작업 변경	변경 내용 사전 교육
지식 부족	교육훈련 강화
일상적 작업 패턴	작업 결과 확인
동시 복합 작업	작업 단순화
혼돈되는 표시 장치와 조작 장치	인간공학적 디자인
신기술	교육훈련 강화
작업에 대한 가정	가정에 의한 판단 금지

이 밖에도 근로자의 실수로 인한 사고처리 과정은 휴먼에러 차원에서 관리가 필요하다.

사고 발생 시 질책이나 비난보다는 인간적인 공감과 신뢰를 바탕으로 진심으로 걱정해 주는 모습을 먼저 보여줄 필요가 있다. 회사 차원에서 실수한 직원을 변함없이 믿고 걱정해 주는 모습을 보여줄 때 사고 자체가 아닌 사고 후 처리 과정에서의 트라우마에서 벗어날 수 있고 다음 작업에 임할 때 더 큰 사고를 예방할 수 있는 소중한 과정이 될 것이다.

4) 보상과 인센티브 제도

효과적인 보상과 인센티브 제공을 위해 가장 우선시해야 할 점은 바로 공정성이다. 똑같은 상황에서 보상이 다르게 제공된다면 안 주는 것만도 못한 보상이 된다. 불공정한 대우와 차별을 받았을 때 사람의 감정은 분노와 화를 느끼게 되고 이것은 조직과 상사에 대한 불만으로 이어져 작업의 몰입도를 떨어뜨릴 수 있다. 공정한 보상 제도를 운영하기 위한 가이드는 다음과 같다.

- 안전 행동이 구체적이고 달성 가능한 것이어야 함
- 기준이 되는 행동을 달성한 모든 사람들을 보상해야 함
- 한 사람에게 큰 보상을 주기보다 다수에게 작은 보상을 골고루 주어야 함
- 개인의 실패로 집단에 페널티를 주거나 보상을 박탈해서는 안 됨
- 보상을 얻기 위한 노력을 체계적으로 관찰하고 공개적으로 게시함

사람들이 위험한 것을 알면서도 불안전한 행동을 하는 이유는 그러한 행동을 할 때마다 매번 사고가 발생하는 것은 아니기 때문이다. 양손에 무거운 짐을 들고 계단을 올라갈 때 핸드레일을 잡지 않았다고 해서 즉시 계단에서 굴러떨어지는 것은 아니며 오랫동안 일을 해 온 경력으로 웬만한 상황은 자신이 통제 및 조절이 가능하다고 믿는다. 그런 신념으로 나에게 있어 위험과 사고는 애매하고 막연한 요소이며 작업표준을 살짝 어길 때 시간이 절약되고 능률이 오르는 것 같은 즉각적이고 확실한 이익을 얻게 된다. 만약 10분 후에 작업에 들어가야 하는데 그전에 현장과 조금 떨어진 장소에서 1층에 있는 페인트 통 10개를 2층으로 옮기라는 지시를 받았다고 생각해 보자. 주위엔 아무도 없고 근로자 혼자 페인트 통을 옮겨야 하는 상황이라면 작업표준에 맞춰 한 손에 물건을 들고 핸드레일을 잡고 천천히 계단 20번을 왕복하는 것보다 양손에 통을 들고 10번만 왕복하는 쪽이 다음 작업 시간에 맞게 가기 위한 선택이 될 것이다.

이때 규칙을 지켜 안전하게 행동하느라 다음 작업 시간에 늦게 들어갔는데 관리자에게 질책을 받는다면? 또는 시간 단축을 위해 불안전하게 행동하고 작업 시간에 맞춰 현장에 도착했을 때 "와, 벌써 다했어? 대단한데?"라는 칭찬을 받는다면? 이 근로자는(신입 직원일수록) 칭찬이라는 즉각적인 이득과 성취감을 얻기 위해 다음번에도 이와 같은 지름길을 택할 것이다. 이렇게 눈에 보이는 근로자의 불안전한 행동을 묵인했을 때 관리자는 위험 행동에 동조하는 것이 된다. 경영진은 이러한 관행이 습관이 되지 않도록 안전 행동에 대한 규칙을 우선적으로 지키는 환경을 만들어 주어야 한다. 근로자가 안전한 행동을 했을 때 다음 작업에 조금 늦더라도 질책하지 않는 문화, 그리고 안전 행동으로 인한 습관 형성에 칭찬과 격려라는 즉각적인 보상이 제공된다면 안전한 행동에 대한 좋은 인식과 행동의 체질화가 축적될 것이다.

5) 안전관리 프로그램

미국에 본사를 두고 있는 모 제약회사는 실적을 위해 비윤리적인 방법으로 영업하는 것을 직원들에게 금기시하고 있다. 무리한 방법으로 영업을 했을 때 발생하는 고객의 민원과 법적 대응의 문제가 더 크기 때문에 아예 처음부터 정도에 맞는 영업만 할 것을 강조하는 것이다.

이 회사에서 한 영업사원을 스카우트했는데 타 회사에서 우수한 영업 실력을 인정받은 사람이었다. 그는 전 회사에서 실적을 올리기 위해 무리한 방법도 마다하지 않고 영업을 했었다고 한다. 그런데 스카우트된 이 회사에서도 같은 방법을 쓰려다 상사의 제지를 받았다. 아무리 일을 잘해도 그 조직의 풍토나 문화를 따르는 것이 우선임을 그제야 깨달은 것이다. 이 회사는 직원들의 비윤리적인 영업을 방지하기 위해 임원이 직접 직원들에게 서약을 받는 활동을 한다. 임원들이 영업사원 한 명 한 명에게 윤리적인 방법으로만 영업을 한다는 것에 사인을 한 서약서를 받는 활동이다.

직속 상사가 아닌 경영진과 일대 일로 약속을 한 직원들은 회사의 방침에 더 적극적으로 따르게 되고 결과적으로 행동 변화에 큰 효과를 보게 되었다. 이처럼 조직의 안전문화에 대한 장기적 구축 방안은 경영진이 방향성을 잘 잡아주고 조직의 풍토와 문화를 만들어 주는 것이라 할 수 있다.

최근 많은 기업들이 근로자의 안전 행동 증진을 위해 행동기반 안전관리 프로그램을 실시하고 있다. 산업재해의 90% 가까이가 근로자의 불안전한 행동에 의한 사고이기 때문에 이를 개선하기 위해 불안전 행동을 어떻게 안전한 행동으로 바꿀 것인가에 대한 연구와 활동 프로그램을 만드는데, 대표적으로 BBS(Behavior Based Safety 행동기반 안전관리) 프로그램을 개발하여 사용한다. 아직 정착시키는 단계인 회사가 많으나 정식 프로세스를 도입하지 않고도 핵심 활동만 개발하여 이행 중인 곳도 있다.

예를 들면 관리자가 근로자의 안전한 행동을 발견할 때마다 현장에서 즉시 상품권을 지급한다던가 포인트를 부여해 마일리지로 전환하여 추후 선물로 교환해 주는 즉각적인 보상 활동, 안전 작업 다짐문을 작성하여 눈에 띄는 곳에 가족의 사진과 함께 놓아두고 수시로 볼 수 있게 하는 활동, 동료의 안전 행동을 관찰하고 카드에 적는 Promise 카드 활동, 반대로 동료의 불안전 행동 발견 시 동료사랑 카드를 발부하여 불안전한 행동을 근절하고자 하는 활동 등이 있다. 여기서 중요한 것은 불안전한 행동의 감소를 위한 활동보다 안전한 행동을 할 때 보상 및 칭찬, 격려가 따라오는 활동이 증가해야만 안전을 지키는 것이 즐겁고 나에게 이익이 되는 활동이라는 생각이 들 것이고, 안전을 바라보는 시각도 긍정적인 방향으로 확대될 것이란 점이다.

안전관리 프로그램을 시행할 때 가장 중요한 것은 근로자의 자발적인 참여다. 이왕이면 즐거운 마음으로 참여하면 더 좋다. 말을 물가에 데려갈 수는 있지만 물을 마시게 할 수는 없다. 물을 마시는 것은 말의 의지이기 때문이다. 사람은 자신이 스스로 선택하고 결정한 사항에 대해 더 책임감을 느끼고 실천하게 된다.

어느 회사에서 직원들에게 선택권에 대한 실험을 실시했다. 직원들에게 실험을 할 테니 언제까지 오라고 지시했을 경우에는 실험에 참여한 사람이 24%였는데, 실험에 언제 참여할 것인지 물어본 경우에는 56%가 참여하는 결과가 있었다. 자신에게 선택권이 주어졌을 때 더 많은 참여가 이루어진 것이다.

안전 행동 프로그램도 스스로의 의지로 즐겁게 참여할 때 행동의 변화가 오고 자기 효능감의 힘도 높아진다. 자기효능감이란 어떠한 과제를 완수하고 목표에 도달할 수 있는 자신의 능력에 대한 평가를 말한다. 능력이 낮은 사람도 자기 효능감이 높으면 더 높은 성과를 낼 수 있다. 이때 옆에서 도와주는 지지자가 있다면 더 큰 효과를 볼 수 있는데 이것은 리더의 몫이다. 자기 효능감을 높이기 위해서는 근로자가 달성 가능한 쉬운 과업을 주고 그것을 단기적으로 달성하게 하여 작은 성취감을 자주 맛보게 한다. 또한 바람직한 행동에 대한 리더, 동료의 인정과 칭찬, 빈번한 보상과 긍정적 피드백이 제공되어야 한다. 더불어 타인을 가르칠 수 있는 기회가 있다면 리더십과 자신감을 느끼게 할 수 있다. 이와 같은 행동 변화를 위한 시간과 자원을 회사 측에서 제공해 주어 위에서 지시하니까 따르는 것이 아닌 자발적 행동 변화를 이끌어 내야 한다.

현장에서 일하는 근로자들은 자존감이 낮은 상태로 일하는 경우가 많기 때문에 이런 활동이 하나의 이벤트가 아닌 전략적으로 목표를 수립하여 실행하는 것이 필요하다. 또한 과거의 실패와 현재를 별개로 두는 것이 중요한데 과거에 이 사람이 실수도 많고 사고를 낸 적이 있더라도 "전에도 그러더니 또…"라는 인식을 버리고 현재의 상황으로만 평가해야 한다.

근로자의 행동 변화를 위한 안전관리 프로그램 성공사례로 꼽히는 회사 중 영국의 건축 조립회사인 오버버리(Overbury)가 있다. 오버버리는 이미 보건 및 안전 분야에서 업계의 선두주자로 손꼽혔지만 다음 단계로의 도약과 혁신적인 안전 접근 방식을 위해 전문 컨설턴트를 고용했다. 이를 통해 위험하지만 쉬운 길을 택하려고 게으름을 피우는 근로자들의 무의식적 인적요인을 개선하고자 했다.

컨설턴트가 분석한 오버버리 근로자들의 불안전 행동의 원인은 다음과 같다. 공격성을 일으키는 테스토스테론 호르몬 수치가 높은 젊은 남성들이 위험을 무릅쓰려는 욕구가 높고 시간적 제약까지 맞물릴 때 위험한 행동이라는 지름길을 택하게 된다. 나이가 있지만 부상을 입어본 적이 없는 남성들은 이런 위험한 지름길을 택하면서도 자신에게는 사고가 일어나지 않으리라 낙관한다. 이렇게 해서 작업을 더 빨리 끝내 온 조직의 습관적 패턴이 오랫동안 이어지고 이후에도 더 많은 직원이 그것을 따르면서 이런 행동이 조직의 표준 행동으로 굳어지게 되었다. 컨설턴트는 이 같은 분석을 토대로 다음 3가지 안전관리 프로그램을 제안했다.

<그림2> 안전관리 프로그램

핑크색 구내식당 골드 카드 제도 주간 산책

첫 번째는 구내식당을 핑크색으로 칠하는 방법이었다. 핑크색은 교도소에서 폭력적인 수감자들을 진정시킬 때 사용된 색으로 이 컬러 앞에서는 사람들의 심장 근육이 그렇게 빨리 움직이지 못해 에너지를 떨어뜨리고 차분해지는 효과가 있기 때문이다. 또한 식당에 초록 식물과 공동식탁을 배치하고 자연광을 더해 식사 시간을 차분한 정서 상태로 만들어 작업 시 격앙된 마음을 진정하고 안전 행동을 유도하게 했다.

두 번째는 좋은 행동을 강화하고 보상하기 위해 각 직원에게 물리적인 골드 카드를 지급했다. 이 인센티브 제도에 가입한 직원들은 보상 제도뿐 아니라 안전하게 행동하겠다는 약속의 표시로 카드에 사인을 했다. 그리고 골드 카드에 회원가입 시작일을 기록해서 가입 기간을 강조하고 보상제도에 대한 주인의식을 높였다. 골드 카드를 소지한 직원들은 매주 말에 경품 추첨 대상자가 되는데 그전에 위험한 행동을 한 것이 적발되면 해당 주의 추첨에서 제외되었다. 팀에서 제외된 사람이 3명 이상이면 회사 전체가 추첨을 하지 않았다. 경품은 어떤 주에는 스마트HD 55인치 TV, 그다음 주에는 막스앤스펜서 150파운드 상품권이 나왔다. 사람들의 심리가 같은 크기의 이익을 얻고 느끼는 즐거움보다 손실에 대한 고통의 크기가 두 배 더 크다는 사실을 감안하면 근로자들이 골드 카드를 잃게 되리라는 사실이 강력한 자극제가 됐다. 모든 직원들이 첫날부터 같이 시작했기 때문에 그들이 과거에 어떤 행동을 했든 이제부터 안전한 행동을 할 것이라는 높은 기대를 안고 일을 시작할 수 있기 때문이다. 무죄추정의 원칙에 따라 신뢰를 얻은 직원들은 자신감도 얻으면서 신뢰에 상응하는 행동으로 보건 및 안전 규약을 준수하여 은혜를 갚겠다는 의욕을 보였다.

세 번째는 주간 산책이었다. 직원들이 교대로 안전, 보건 전문가와 함께 현장을 돌아다니며 동료들의 위험을 평가했다. 산책 도중 동료들의 위험한 행동이 발견되면 그로 인한 손실에 대해 생각해 보고 나는 그런 행동을 한 적이 없는지 관리자의 입장에서 바라보도록 고안된 방법이었다. 이렇게 내가 작업할 공간을 미리 둘러보며 내가 했던 행동들의 잠재적 위험이 시간 절약의 이점보다 더 크다는 사실을 깨닫는 시간이 된 것이다. 이렇게 안전관리 프로그램의 시행 결과, 근로자의 고소 작업 시 위험 행동이 82%, 위험한 자재 운반 시 위험 행동이 93% 감소하는 결과를 얻게 되었다. 많은 비용을 들이지 않고도 획기적으로 행동 변화를 가져온 성공적인 안전관리 사례로 볼 수 있다. 보건 및 안전 분야에서 이미 업계의 선두주자 자리에 있지만 이에 안주하지 않고 더 나은 단계로의 도약을 위해 끊임없이 노력한 결과이며 안전문화 구축에 대한 경영진의 올바른 방향 제시와 구성원들의 적극적인 참여가 있었기에 가능한 일이었다.

3. 관리자, 리더의 역할

경영진의 역할이 전반적인 기업의 안전문화를 조성해 주고 방향을 잡아주는 것이라면 관리자, 리더의 역할은 직원들이 그것을 잘 이행하도록 동기부여해 주고 이끌어 주는 것이라고 할 수 있다. 조직의 중추 역할을 하는 중간 관리자의 역할은 매우 중요하면서도 어렵다. 하는 일도 많고 어렵지만 위로는 부서장이나 경영진, 아래로는 부하 직원 사이에서 원활한 소통이 이루어지도록 조율해야 하고 조직의 목표를 위해 성과를 달성해야 하는 책임까지 있기 때문이다. 내 일만 잘하면 되던 직원 시절과는 달리 구성원들이 일을 잘 할 수 있도록 현명한 리더십을 발휘해야 하는 자리에서 필요한 리더의 역할은 무엇인지 알아보자.

1) 리더는 거울이다.

신입사원이 안전교육을 받고 처음 현장에 투입되는 상황을 상상해 보자. 자격증이나 관련 전공은 있지만 현장에서의 경험은 처음이기 때문에 모든 상황이 낯설고 긴장될 것이다. 이때 작업장을 보니 선배들과 동료들이 안전장비를 제대로 갖추지 않고 안전교육 시 배웠던 매뉴얼도 지키지 않은 채 일을 하고 있다면 이 신입사원은 어떤 생각이 들고 어떤 행동을 하게 될까? 아마 그들과 똑같이 따라하게 될 것이다. 신입사원은 아직 현장에서의 작업 습관이 체화되지 않아 이제 한창 말을 배우기 시작한 아이와 같다. 부모는 자식의 거울이라는 말처럼 아이는 부모가 하는 말과 행동을 그대로 보고 따라 하며 성장한다. 신입 직원도 마찬가지로 조직의 분위기와 문화에 맞춰 선배들의 행동을 따라 하게 되는데, 이는 사람의 행동이 개인의 성향이나 성격보다 조직의 환경이나 문화에 더 큰 영향을 받기 때문이다. 매일 같이 얼굴 보고 일하는 사람들 속에서 나 혼자만 다른 행동을 할 수 있을까? 사람은 내가 속한 조직에서 배척되지 않고 집단에 흡수되기 위해 타인의 행동에 동조하게 된다. 이 동조현상은 한국 사람들에게 더 잘 나타나는데 우리나라의 문화가 개인주의보다는 '우리'라는 공동체 의식이 강하기 때문이다. 집단의 행동이 잘못되었다는 것을 알지만 일단 따라 해야 마음이 편하고 나만 제외되지 않는다는 안도감이 들게 된다. 그래서 교육보다 더 중요한 것은 주변인들의 영향력이다. 특히 내가 보고 배워야 하는 리더의 모범적 행동과 본보기가 근로자의 안전 행동 습관을 형성하는데 가장 큰 영향을 미치는 요인이 될 것이다. 리더가 찻길에서 무단횡단을 하면서 근로자에게는 "당신은 횡단보도에 가서 안전하게 길을 건너라."라고 말한다면 온전히 받아들이는 사람은 아무도 없을 것이다. 사람은 혼자 있을 때 더 불안전한 행동을 하게 된다. 이를 막기 위해서는 보는 사람이 없어도 횡단보도에서 초록불에 안전하게 길을 건너도록 리더가 근로자의 안전 습관을 만들어 주어야 한다.

2) 관찰과 피드백

1955년 미국 시카고 외곽에 위치한 웨스턴 일렉트릭사의 공장 중 하나인 호손 공장에서 실험을 진행했다. 실험의 목적은 조명의 밝기와 생산량과의 상관성에 관한 것이었다. 조명의 양과 밝기가 공장 근로자의 생산성에 어떤 영향을 미치는가, 즉 얼마큼의 조명과 어느 정도의 밝기가 생산성 향상에 가장 효과적인가 등의 실험 내용이었는데 조명을 밝게 할수록 생산량이 증가했다는 실험 결과를 얻었다. 그런데 여기서 주목할 것은 생산량의 증가가 조명의 밝기 때문이 아니라 누군가가 자신을 관찰하고 있다는 사실에 대한 긍정적인 심리 반응 때문인 것으로 분석되었다. 이는 관찰 대상이 된 사람들이 연구자들이 무엇을 기대하는지 파악하고 그들이 보고 싶어 할 만한 수준으로 태도를 끌어올려야 한다고 생각했다는 결론이다.

<그림 3> 호손 공장 실험

행동기반 안전관리인 BBS(Behavior Based Safety) 프로그램의 핵심도 관찰이다. 여기서 관찰은 우리 현장에서 이행할 중요한 행동을 정해 놓고 여러 사람이 관찰했을 때 그 행동의 빈도와 비율을 계산하여 우리 현장의 안전도를 측정할 수 있다. 관찰을 통해 재해 성향이 있는 사람을 파악하여 특정 지표들에 대해 불안, 긴장, 주의산만, 충동성 위험을 가진 근로자를 알아낼 수 있다. 또한 야근, 교대근무로 인한 졸음 작업의 가능성이 있는지, 전날 과음이나 게임으로 심신이 피곤하고 집중력이 떨어진 상태가 되어 있는 것은 아닌지 파악할 수 있다. 평소와 다르게 얼굴 표정이나 말에서 스트레스 상황이 느껴진다면 면담을 통해 원인을 파악하고 스트레스에 대처하는 방법을 알려주는 것도 관찰 후 필요한 관리자의 역할이다.

관찰 후 정확하고 지속적인 기록은 직무안전 분석, 부상 조사, 성공적인 안전관리 프로세스에 필수 과정이며, 정확한 데이터를 기반으로 피드백을 실시하는 것도 잊지 말아야 한다. 피드백의 목적은 직원이 잘하고 있는 것을 계속 잘하게, 행동의 변화가 필요한 부분에서는 어떤 것이 필요한지 알려주기 위해 실시하는 것이다. 피드백 시 주의사항은 화를 내거나 감정적으로 말하는 것이 아닌 객관적이고 정확한 팩트만 말하는 것이 중요하다. 긍정적인 피드백을 줄 때 왠지 쑥스럽거나 가식적이라고 생각할까 봐 망설이는 경우가 있다. 그리고 부정적인 피드백은 그 사람과의 좋은 관계를 해치게 될까 봐, 또는 보복의 두려움 때문에 제대로 전달하지 못할 때가 있다. 그래서 다수의 사람이 모여 있을 때 넓은 범위로 이야기하게 되는데, 그럴 경우 피드백이 필요한 당사자가 자신과 관련이 없는 이야기로 생각할 수 있다. 따라서 피드백을 할 때는 그것이 필요한 대상에게 직접, 정확하고 빈번하게 시행해야 한다.

효과적인 피드백 방법은 첫째로 구체적이고 자세하게 하는 것이다. 직장에서 상사에게 보고서를 제출했을 때 "다시 써와."라는 말을 많이 들어보았을 것이다. 이때 어느 부분을 어떻게 수정해야 할지 구체적으로 말해 준다면 얼마나 좋을까만 그렇게 친절한 상사는 많지 않다. 피드백을 할 때는 어떤 부분을 어떻게 해야 하는지 구체적이고 자세하게 알려줄수록 시간과 노력을 절약하여 빠른 시간 안에 행동 수정을 할 수 있다.

두 번째는 피드백 대상의 행동이 발생한 직후에 제공되는 것이 가장 좋다. 만약 바빠서 즉시 피드백이 제공되지 못한 경우 나중에 "그때 그 행동이 있었는데~"라고 말한다면 '언제 적 이야기를 지금 하는 거야?'라고 생각할 수 있다. 부정적 피드백도 그렇지만 긍정적 피드백이나 보상일수록 행동 발생 직후 즉각적으로 제공되는 것이 효과적이다. 그러나 더 중요하고 급한 업무가 있을 때, 혹은 대상이 감정적인 상태일 때는 시간차를 두고 피드백을 하는 것이 좋다. 앞에서도 언급한 바와 같이 사람의 심리는 자신이 잘못을 저질러도 그 잘못을 그 자리에서는 온전히 받아들이는 것을 어려워한다. 어린 시절 형제들이 장난치고 놀다가 화병을 깨뜨렸다고 치자. 엄마가 형만 혼낼 때 형은 억울해서 왜 나만 혼내냐고 엄마에게 항의한다. 본인의 잘못도 분명히 있지만 그것을 반성하는 것보다 혼자 혼나는 것에 대한 억울한 감정이 더 앞서는 것이다. 성공적인 피드백이 되기 위해서는 상대방이 얼마큼 그것을 받아들이느냐의 문제다. 그래서 이런 상황일 때에는 유연성도 필요하다.

효과적인 피드백 방법 세 번째는 관리 가능한 한도의 양만큼만 하는 것이다. 사람의 뇌는 한 번에 5~9가지의 정보 한도 내에서 효과적으로 기억력이 작동한다. 특히 작업 중 받아들일 수 있는 정보의 한계는 더 적을 수 있기 때문에 한 번에 1~2가지의 피드백만 하는 것이 좋다.

네 번째는 샌드위치 법칙의 적용이다. 부정적 피드백 1: 긍정적 피드백 2의 법칙으로, 부정적 피드백이 하나면 긍정적 피드백을 2개 이상 또는 그보다 더 많이 함께해 주는 것이다. 자신에게 안 좋은 말을 듣고 싶어 하는 사람은 없다. 그래서 좋은 말이 안 좋은 말보다 훨씬 더 많아야 그나마 피드백을 받는 사람의 입장에서는 얼추 비슷하게 받아들이게 된다.

마지막으로 피드백 제공 시 비난이나 인격 모독성 발언은 절대 하지 말아야 한다. 감정은 감정으로 전달된다. 나의 잘못에 대해 인격적 비난을 받으면 그 피드백은 온전히 전달되지 않을 뿐 아니라 반감을 사게 되고 감정부터 상한다. 모 건설회사의 안전관리 팀장은 근로자에게 불안전 행동에 대한 피드백을 전할 때 일단 비타민 사탕을 하나 까서 입에 넣어준 다음(작업 중이라 손이 더럽기 때문에) 말을 한다고 한다. 불안전 행동에 대한 지적을 받을 때 이렇게 내 몸을 챙겨주는 관리자라면 '이 사람이 하는 말이 나를 걱정해서 하는 말이구나'라는 생각이 들 것 같다. 그래서 피드백은 상대방이 얼마나 그 내용을 받아들이느냐의 문제인 것이다. 그리고 어떤 방식으로 전달되느냐에 따라 그 효과도 달라지게 될 것이다.

3) 리더의 커뮤니케이션

리더십이 안전에 미치는 영향은 매우 크다. 특히 폭력적 리더십과 같이 잘못된 리더십은 근로자의 안전 행동에 직접적인 영향을 미친다.

폭력적 리더십은 부하 직원에게 공격적인 언어를 사용하고 공개적인 조롱과 실수에 대한 비난, 경멸적인 별명과 협박 등을 일삼는 것을 말한다. 어느 작은 공장에서 일을 하던 청년이 있었는데 죽을 뻔한 고비를 10번이나 넘기고 너무 무서워서 그 일을 그만두었다고 했다. 그 공장에는 안전장비가 제대로 갖춰져 있지 않았고, 일하다가 보호구라도 착용하면 동료들이 놀렸다고 했다. 사장은 수십 년 동안 이 일을 했지만 사고 한 번 안 났다면서 안전을 중요하게 생각하지 않았으며 팀장은 뜨거운 플라스틱 녹은 액체가 얼굴에 튀어도 대수롭지 않게 생각했다고 했다. 실로 경악을 금치 못하는 작업 환경 속에서 생명의 위험을 느끼고 도망쳐 나온 것이다. 이런 환경에서 근로자는 관리자와 동료의 놀림을 피하기 위해 안전 장비를 사용하지 않는 불안전한 행동이 이어지고 신입 직원들은 업무 미숙으로 인한 상해를 입을 위험이 증가하게 된다. 또한 생산일을 맞춰야 한다는 관리자의 강요가 안전하지 않은 작업을 수행하도록 한다. 결국 직원들은 자신감이 떨어지고 피로도가 극도로 증가하며 일에 대한 좌절감과 무력감을 느끼게 된다. 이것이 음주 증가나 끊었던 담배를 다시 피우게 하는 등의 행동으로 이어질 수 있으며 직업 만족도와 성과 저하, 조직 헌신도 저하로 이직이나 퇴사를 결심하게 된다. 따라서 폭력적 리더십은 직원의 건강, 업무 태도, 업무 성과에 악영향을 미치는 리더십의 유형이라 할 수 있다.

반면 최근 가장 주목받는 효과적인 리더십 스타일은 변혁적 리더십으로 소통

능력이 높고 리더에 대한 신뢰를 갖게 하는 카리스마를 지니고 있으며 조직의 변화를 이끌어 낼 수 있는 새로운 비전을 제시하는 능력을 갖춘 리더십을 의미한다. 변혁적 리더십은 직원들에게 확실한 목표를 설정해 주고 모범을 보이며 직원들의 성과와 행동 변화의 기초인 신념과 가치를 명백하게 제시해 주어 자신감을 높인다. 또한 직원의 참여, 성장과 개발, 일과 삶의 균형, 건강과 안전 등의 상호작용을 통해 만족도를 이끌어 내고 긍정적인 감정을 불러내므로 건강하고 안전한 일터를 만드는 데 매우 중요한 역할을 하는 리더십이라고 할 수 있다. 안전에 있어서 리더의 역할은 눈앞의 사고와 문제만 막는 것이 아니라 우리가 왜 안전을 향해 가야 하는지 목표를 제시해 주는 것이며 망망대해에서 목적지를 향해 돛의 방향을 잘 잡고 달리는 선장과도 같다.

위기 상황에서 리더의 커뮤니케이션은 방향을 잘 잡은 돛단배의 돛과 같다. 작업 중 사고가 발생했을 때 신입사원들은 심리적으로 크게 당황하게 된다. 무엇이 중요한 것인가를 선택하기 어렵고 단기 기억을 사용할 여유가 없다. 기억하고 있던 것이 바로 생각나지 않고 중요한 것이 무엇인지 몰라 자신이 없다. 상황이 최악의 상태가 되었을 때야 눈치를 채고 심리적 여유가 없으며 정신적으로 매우 긴장 상태이다. 이럴 때일수록 리더는 간결하고 명확한 표현방식과 정비문서의 표준화된 용어로 커뮤니케이션해야 한다. '이건 기본이니까 당연히 알고 있겠지.'라는 전제하에 기본적인 단계를 건너뛴 채 작업 지시를 해서는 안 된다.

2002년 개봉한 '집으로'라는 영화를 본 사람이라면 아직도 주인공 할머니와 개구쟁이 손자 유승호가 생생하게 떠오를 것이다. 도시에 사는 9살 개구쟁이 '상우'가 외할머니의 시골집에 머물게 되면서 생긴 에피소드를 그린 영화인데 말도 못 하고 글도 못 읽는 외할머니와 손자의 알콩달콩 갈등과 사랑이 코 끝을 찡하게 했던 영화였다.

<그림 4> 위기 상황에서의 심리적 에러

말도 못 하고 귀도 어두운 할머니와 손자의 커뮤니케이션은 늘 어려웠다. 하루는 변변치 않은 시골 반찬에 뭐라고 해 먹이고 싶은 할머니가 손자에게 먹고 싶은 거 없냐고 손짓으로 물어본다. 손자는 "돈도 없으면서."라고 할머니를 타박하다가 책받침을 가지고 와서 사진을 보여주며 피자, 햄버거, 켄터키 치킨 등이 먹고 싶다고 말한다. 할머니가 못 알아듣자 손자는 그럴 줄 알았다는 듯 입을 내밀었다. 그러자 할머니는 그 중 켄터키 치킨을 닭이라고 이해하고 몸짓으로 표현하며 손자와의 소통에 성공한다. 손자를 위해 장에 나간 할머니는 나물을 팔아 번 돈으로 살아있는 닭을 사와 손질을 하고 끓는 물에 푹 삶아 백숙을 만들어 손자 앞에 내민다. 잠에서 깬 손자는 물에 빠진 닭을 보고 이게 켄터키 치킨이냐며 치우라고 떼를 쓴다. 할머니는 속으로 억울했을 것 같다. 할머니가 아는 닭 요리라고는 백숙밖에 없는데 켄터키 치킨이 뭔지 제대로 알려줬더라면 이런 오류는 없었을 것 아닌가. 정확한 커뮤니케이션을 위해 내가 알고 있는 것을 당연히 상대방도 알고 있다는 전제를 버려야 하는 이유가 여기에 있다. "켄터키 치킨이란 닭을 작게 토막 내서 양념을 바른 다음 기름에 튀겨서 만드는 거야."라고 알려줬다면 할머니는

힘들게 백숙을 끓이지 않았을 것이다.

위기 상황에서의 커뮤니케이션은 지금 당장 눈에 보이지 않는 잠재 위험의 가능성까지도 고려해야 한다. 신나는 음악을 들으며 차를 타고 비탈길을 지나가는데 갑자기 안개가 드리워져 앞이 안 보이는 상황이라면 어떻게 해야 할까? 운전 초보자에게 알려준다면 그냥 "조심해."가 아니라, "자 이제 속도를 줄이고, 안개등을 켜고, 음악을 끄고, 몸을 앞으로 숙여 운전대를 두 손으로 꽉 잡아야 해. 긴장의 끈을 유지하면서, 갑자기 방지턱이 나올지도 모르고 고라니가 튀어나올 수도 있으니 조심해."라고 위험 사항을 세심하게 짚어주는 것이 좋겠다.

4. 안전 리더십

관리자의 안전 리더십은 근로자의 안전 태도와 안전 행동에 영향을 주어 조직의 안전 문화가 달성되고 근본적인 사고와 재해예방을 이룰 수 있을 것이다. 이렇게 안전 리더십의 중요성이 강조되고 있지만 실제 현장에서 근로자들의 인식은 관리자와 차이를 보일 수 있다. 김도수 등(2019)의 연구 결과에 따르면 건설현장 추락재해 감소를 위한 안전관리자와 현장 작업자 간에 각 위험 요인에 대한 인식 수준에 차이가 있다고 보고했다. 특히 안전관리의 중요성에 대한 두 집단의 인식은 유사했지만, 현재 안전관리가 제대로 이루어지고 있는가에 대해서는 인식 차이가 있었다. 관리자는 자신이 근로자에게 안전에 대한 의사소통과 동기부여를 충분히 하고 있으며 안전의식 및 안전관리 능력이 뛰어나다고 생각하는 반면, 근로자들은 관리자들과의 의사소통이 부족하고 본인에게 필요한 교육훈련이 미흡하다고 생각하고 있었다(김창모, 2019). 즉 관리자들은 스스로 안전 리더십을 충분히 발휘하고 있다고 지각했지만 현장의 근로자들은 관리자들의 안전 리더십의 발휘가 부족하다고 지각한 것으로, 관리자와 근로자 간 안전 리더십에 지각 차이가 있었다고 할 수 있다.

이러한 관리자와 근로자 간의 리더십에 대한 지각 차이는 안전관리에 다음과 같은 문제를 유발할 수 있다. 특히 관리자 본인은 리더십을 잘 발휘하고 있다고 생각하지만, 근로자들은 그렇지 않을 경우 안전관리에 공백이 생길 수 있다.

위험에 대해서는 인지함과 동시에 안전 행동으로 발현되어야 안전을 확보할 수 있다. 이러한 위험에 대해 더 많은 지식과 전문성을 갖춘 관리자의 안전 관련 사항 등이 매 순간 잘 전달되어야 하는데, 관리자는 자신이 잘 전달했다고 믿는 반면, 근로자는 관리자의 리더십에 신뢰하지 않고 실제 받아들이지 않는다면 그 위험에 그대로 노출이 될 것이다. 다시 말해 현장에서 불안전한 행동을 발견한 관리자가 근로자에게 안전한 작업 방법에 대해 지시했을 때 관리자 본인은 자신의 리더십을 통해 잘 전달되었다고 믿고 있으나, 근로자는 관리자의 리더십을 신뢰하지 않고 받아들이지 않는다면 이 불안전한 행동은 개선이 되지 않았음에도 개선되었다고 착각하여 해당 부분의 관리가 소홀해질 것이다. 그리고 이것들이 모여서 안전관리의 사각지대로 남고 위험에 노출되어 사고로 이어질 것이다.

안전문화 구축을 위한 리더의 역할은 매우 중요하면서도 어렵지만 근본적으로 구성원들을 이해하고 신뢰하는 마음, 그리고 배려와 존중이 담긴 자세로 리더십을 발휘하고, 자신의 안전 리더십 스타일을 되돌아보며 근로자와의 이견에 대한 간극을 좁힌다면 조직의 중추로써 안전문화를 구축하는데 큰 힘이 될 것이다.

4. 근로자의 역할

안전문화를 구축하고 사고를 예방하기 위한 조직의 활동 참여는 근로자의 역할이 가장 중요하다. 근로자는 현장에서 일하는 안전의 주체이기 때문이다. 그렇기 때문에 경영진, 관리자와 합심하여 적극적인 안전관리에 힘써야 한다. 안전의 시작은 위험을 보는 눈을 가지는 것이다. 작업장 곳곳에 숨어 있는 위험 요인을 항상 주시하고 문제점이 발견될 때는 관리자에게 즉시 보고한다. 회사가 정한 안전 규칙을 잘 따르고 상사, 동료와 좋은 관계를 형성한다. 작업 의욕은 일에 대한 적성보다 인간관계가 더 큰 영향을 미치기 때문이다. 2인 1조로 중량물을 운반하다가 한 명이 힘이 달려 물건을 놓치는 바람에 동료가 부상을 당한 사고가 있었다. 만약 서로 좋은 관계가 아니었다면 상대방으로 인한 부상이 더 심한 감정적 갈등을 불러왔을 것이다.

최근 방영되었던 '우리들의 블루스'라는 드라마에서 '영옥'이라는 해녀가 나온다. 영옥은 바닷속에서 전복을 더 많이 따려다가 발에 그물이 걸리자 동료들이 구해주었다. 전복 하나를 따면 물 위로 올라와 숨을 한 번 쉬고 다시 내려가야 한다는 물질의 안전 규칙을 어기고 욕심을 부리다가 동료까지 죽을 뻔한 위험에 빠지게 만든 것이다.

나 혼자만이 아닌 공동체 작업에서 나로 인해 사고가 발생하면 동료까지 위험에 빠질 수 있다는 것을 잊지 말아야 한다. 무엇보다 중요한 것은 나의 안전은 내가 지키는 것이므로 평소 건강관리에 신경 쓰고 다음 날 작업에 영향을 미치지 않도록 컨디션 관리가 필요하다. 작업 틈틈이 스트레칭으로 작은 부상들을 당하지 않도록 하고 작업장의 분위기가 안전하지 않은 상태임에도 불구하고 계속 일을 하는 집단 분위기가 형성될 경우 위험작업 중지권(산업안전보건법 제52조)을 사용하여 작업을 즉시 중지하고 대피한다.

근로자는 내가 지킨 안전이 나를 지켜준다는 사실을 잊지 말고, 관리자, 리더는 피드백을 통해 격려와 칭찬이라는 보상으로 근로자의 안전 행동을 증가시키며, 경영진은 이런 활동들이 가능하도록 조직의 풍토와 분위기를 만들어 준다면 안전문화의 꽃은 오래도록 활짝 피어날 것이다.

[참고문헌]
- 넛지의 천재들, 제즈 그룸 외, 리더스북, 2021.
- 현장으로 간 심리학, 김석미, 박영사, 2020.
- 안전이 묻고 심리학이 답하다, 문광수 외, 좋은땅, 2022.
- 두려움 없는 조직, 에이미 에드먼슨, 다산북스, 2019.
- 6가지 생각의 기술, 김영식, 베이직북스, 2017.
- 행동 기반 안전관리 가이드북, (사) 한국안전심리개발원. 2017.
- 논문, 안전리더십이 안전태도와 안전행동에 미치는 효과: 관리자 안전리더십 지각차이의 조절효과를 중심으로, 이종현, 2019.
- 이미지 출처: 구글 이미지, 픽사베이

신 성 수(申聖秀)
Shin Sungsu

<주요 학력>
경희대학교 건축공학과 학사 졸업
경희대학교 일반대학원(건설사업관리) 석사 졸업
명지대학교 일반대학원(건설안전) 박사 졸업

<주요 경력>
전)대지토건(주) 근무(사원), 전)신동아건설(주) 근무(부장, 건축현장 소장),
전)원양건축사사무소 근무(이사, 건축현장 감리), 현)한국기술사회 근무(교육훈련본부장, 기술사 계속교육훈련 총괄)
건설기술연구원(건설기준위원회 위원), 경기도 품질 검수위원, 고양시·광명시·심의위원, 국가건설기준센타 건설기술 전문위원회 위원(설계기준, 표준시방서 심의위원), 국토교통기술평가원(신기술.신공법 심의위원), 국토교통기술평가원(녹색인증 심의위원), 국립재난안전연구원 심의위원, 대한민국산업현장교수, 대한 건축학회 기술위원, 대한상사중재원 중재위원, 서울주택도시공사 안전심의위원, 서초구청 (철거공사, 안전자문, 건축) 심의위원, 서대문구 건축심의위원, 송파구청 자문위원, 지에스아이엘 고문, 한국산업인력공단 심의위원, 인천교통공사·인천도시개발공사 자문위원, 인천국제공항 기술자문위원, 킴스전략연구소 고문

<강의 활동>
경북전문대 소방안전학과 강사, 명지대학교 산업대학원 산업경영공학과 겸임조교수,
명지대학교 일반대학원 재난안전학과 겸임초빙교수, 인덕대학교 건축학과 겸임교수, 한국기술사회 강사

<자격사항>
건축시공기술사, 건축품질시험기술사, 건설안전기술사, 국제기술사 외 다수
직업능력개발훈련교사 2급, 배관기능장

<수상, 저서>
장년근로자 재해분석 및 위험성 평가연구-공사금액 50억 이상의 건설현장 중심으로-(대한안전경영과학회, 2015.11)외 8종, 우수 논문상 3회 수상(대한안전경영과학회), 국무총리표창, 우수 학술상(건축시공학회)
기술사 성공스토리(공저. 2021) 공학 전공을 위한 필수 지침서 공학윤리(공저. 2022)

중대재해처벌법

Chapter 7

PM(project management)
– 안전관리 연계 방안

신 성 수

Ⅰ. 중대재해처벌법 시행 배경
Ⅱ. 중대재해처벌법 대상 및 주요 내용
Ⅲ. 대응 방안
   1. 인프라 재해예방과 복원력 강화·제도와 사례
   2. 중대시민재해
Ⅳ. PM(프로젝트 매니지먼트)-안전관리 연계 방안
Ⅴ. 중대재해처벌법 쟁점

Ⅰ. 중대재해처벌법 시행 배경

산업계 동향은 최근 각종 언론 매체를 통해 보도되는 내용을 보면 알 수 있듯이 (00일보 기사 : 건설업체 85% "건설안전특별법, 중복처벌…제정 반대", 2022.03.01.) 건설업체 10곳 중 8곳 이상이 「건설안전특별법」 제정에 반대한다는 조사 결과가 나왔다.

그러나 건설안전 강화 입법에 대해서 일반 대중은 정반대의 결과를 보여 주어 다소 상반된 의견임을 알 수 있다. 이는 건설업계의 실제 종사자와 각종 언론 매체를 통한 산업재해에 대한 단편적인 정보를 얻는 국민과의 괴리감으로 발생하는 결과이다. 하지만 다수의 의견을 따라야 하는 관점에서 보면 산업계의 반발에도 입법화될 수밖에 없는 상황이다.

대한민국이 선진국으로 가는 길목에서 후진적인 건설재해가 일어나서는 안된다는 입장에서 건설안전 관련 법 제정에 찬성한다. 그러나 「중대재해 처벌 등에 관한 법률」 시행과 「건설안전특별법」 제정에 따른 건설단가 상승에 대해서 누구도 언급하지 못하는 현실은 애석하기 그지없다.

사후 처벌에 집중된 법으로 산업 관련자들에게 공포를 심어 산업현장의 사고를 예방하는 것이 아닌 자발적으로 안전에 노력을 기울이는 관련자들에게도 이점을 얻을 수 있는 당근과 채찍이 공존하는 법을 제정한다면 건설안전을 예방할 수 있을 거라는 기대감을 줄 수 있다.

이런 안전 예방을 위한 가장 큰 이슈는 비용의 발생이다. 최근 철근, 콘크리트 등의 원자재 가격이 급등하였지만, 산업현장의 비용은 과거를 답보하는 수준이다. 이로 인하여 현장에서는 무리한 공사 기간 단축, 협력업체의 희생을 강요할 수밖에 없고, 이는 최근 발생한 각종 인재 사고로 이어지는 악순환의 연속이다. 또한 노조와 환경단체의 강한 압력은 공기기간의 준수라는 공정관리와는 상바된 흐름으로 가고 있다. 따라서 「중대재해 처벌 등에 관한 법률」 시행과 「건설안전 특별법」 제정에 따라 건설단가가 상승할 개연성이 높은 상황이다. 하지만, 정부와 국민 그리고 건설 수행 주체들 간에 건설안전 재해에 따른 사회적 비용 감소를 위한 건설비용 상승에 대해 사회적인 공감대가 형성되었는지 의문이다.

공감대가 충분히 형성되어 있지 않고, 기존의 건설비로 관련법들을 지키게 하는 것은 상당한 사회적인 문제를 일으킬 수 있으므로, 정부에서는 스마트 건설안전 관련 공공 플랫폼을 제공하여 건설비 상승을 일부분 부담할 필요성이 있다.

참고로 2021년 3월 15일부터 3월 22일까지 국토안전관리원에서 조사한 대국민 안전 사건·사고 인식조사 결과는 다음과 같다, 1,378명이 설문에 참여하였는데 이 중 인구통계학적 비율대로 서울이 361명으로 26.19%를 차지하였고, 경기도가 271명으로 19.66%를 차지하였다. 나머지는 부산 128명 9.28%, 경남 122명 8.85% 기타 순위였다. 연령은 30대가 575명 41.72%, 40대가 365명(26.48%), 20대 234명(16.98%를 차지했다. 성별은 남성 674명 48.91%, 여성 704명 51.08%이다. 종사하는 분야는 공공행정/교육/.보건/사회복지사업이 332명 24.09%, 주부/학생 256명 18.57%, 제조업 201명 14.58%, 건설업 135명 9.79%이다. 기타 도소매업, 숙박, 음식점, 금융 보험업 등의 순이다.

평소 생활할 때 안전하다고 느끼는가의 질문에 대체로 안전하다가 965명 70.02%, 별로 안전하지 않다가 208명 15.09%, 매우 안전하다가 193명 14%를 차지하였다. 안전사고나 안전사건이 발생한 것을 보셨을 때 어떻게 느끼십니까 라는 질문에 나에게도 일어날 가능성이 있다고 느껴진다가 1028명 74.6%로 가장 많았고, 나에게 일어날 가능성이 매우 높고 두렵게 느껴진다가 249명 18.06%, 나에게 일어날 가능성은 거의 없다고 느껴진다기 93명 6.74%, 전혀 관계 없다도 8명 0.58%를 차지했다.[1]

[1](출처 : 국토안전관리원 대국민 안전사고 인식 조사,
https://www.epeople.go.kr/idea/seocheon/1AE-2203-0000708/detail.npaid#])

[사고 가능성]

- 내게도 일어날 수 있다 : 93%

- 가능성이 있다 : 74.6%

- 매우 높고 두렵다 : 18.1%

  국민 절대다수가 안전사고는 남의 일이 아니라 여기고 있다.

[사고 예방을 위해 필요한 것]

  - 법률과 안전기준강화 : 18.9%

  - 처벌 강화 : 18.8%

  - 관련 예산·조직·시설확충 : 15.2%

  - 전문기관 및 인력 확대 : 12.8%

  - 안전교육강화 : 12.2%

[사고원인]

  - 안전에 대한 경각심 부족 : 12.1%

  - 책임자에 대한 처벌 미약 : 17.8%

  - 안전수칙 미준수 : 17.6%

  2순위 원인이 책임자에 대한 처벌 실효성에 대한 내용이다.

[시사점]

1. 현재 공무원, 경영자 등이 과도한 처벌을 우려하고 있지만, 일반국민의 생각은 그와 다르다는 점을 주목해야 한다.
2. 우리 국민은 처벌이 약하기 때문에 사고가 일어나고 있고, 따라서 사고예방을 위해서는 기준과 처벌을 강화해야 한다고 여기는 경향이 높다는 것에 주목해야 한다.

중대재해처벌법 입법 개요는 다음과 같다.

종전에 법률 적용되는 항목은 산업안전보건법, 건설기술진흥법, 시설물안전법, 철도안전법, 항공안전법이 있다. 그런던 것이 중대재해처벌법이 제정되면서부터 개인사업주인 경우 사업주(개인), 법인, 기관인 경우 사업주(법인, 기관)이, 개인인 경우 안전관리자가 처벌을 받도록 하고 있다. 안전사고 발생 시에는 현재는 산업안전보건법, 건설기술진흥법 등 개별법에 따라 개인사업주, 법인사업주, 안전관리자 등이 처벌받고 있다. 여기에 안전사고 방지 또는 경감을 위해 인력 및 예산배치에 권한과 책임을 가진 경영책임자가 안전 및 보건 확보 의무를 이행토록 규정할 필요가 있어 중대재해 처벌법이 제정되었다.

사업주, 경영책임자 범위(법 제2조)에 따르면 경영책임자의 등의 범위는 중대재해저벌법 적용 시 사업주는 자신의 사어을 영위하는 자, 타인의 노무를 제공받아 사업을 하는 자이다. 민간 경영책임자는 사업을 대표하고 사업을 총괄하는 권한과 책임이 있는 사람 또는 이에 준하여 안전보건에 관한 업무를 담당하는 사람이다. 공공 경영책임자는 중앙행정기관의 장, 지방자치단체의 장, 지방공기업의 장, 공공기관의 장 등이다. 즉 새로이 제정된 중대재해처벌법에 따라 안전에 대한 예산, 인력 확보와 관련된 경영책임자 등의 의무 및 처벌이 규정되어 있다.

법 적용 시점은 일반 대상의 경우 일반 사업장, 모든 공중이용시설, 모든 교통수단에 대하여는 2022년 1월 27일부터 적용된다. 유예 대상은 건설사업장의 경우 공사금액 50억원 미만의 공사이고, 건설업 외 사업 또는 사업장의 경우 개인사업자. 상시근로자 50명 미만인 경우 2024년 1월 27일부터 법이 적용된다. 법 공포 후 3년부터 적용되는 것이다.

중대재해의 개념(법 제2조 정의)은 다음과 같다.

중대재해는 중대산업재해와 중대시민재해로 나뉠 수 있다. 중대산업재해해는 산업재해 중 결과를 야기한 재해(근로자 관련)로서 사망자 1명 이상, 동일 사고로 6개월 이상 치료가 필요한 부상자가 2명 이상 발생, 동일 유해요인으로 작업성 질병자가 1년 이내 3명 이상 발생했을 때 적용된다. 참고로 산업안전보건법 제2조 제1호에서는 '산업재해'란 노무를 제공하는 사람이 업무에 관계되는 건설업. 설비. 원재료, 가스, 증기, 분진 등에 의하거나 작업 또는 그 밖의 업무로 인하여 사망 또는 부상하거나 질병에 걸리는 것을 말한다. 중대시민재해는 원료 제조물, 공중이용시설, 공중교통수단의 설계, 제조, 설치, 관리상 결함을 원인으로 하여 발생한 재해 중 다음의 결과를 야기한 재해(이용자 관련)이다. 사망자 1명 이상, 동일 사고로 2개월 이상 치료가 필요한 부상자가 10명 이상 발생, 동일 원인으로 3개월 이상 치료가 필요한 질병자가 10명 이상 발생한 경우이다.

Ⅱ. 중대재해처벌법 대상 및 주요 내용

1) 목적

이 법은 사업 또는 사업장, 공중이용시설 및 공중교통수단을 운영하거나 인체에 해로운 원료나 제조물을 취급하면서 안전·보건 조치의무를 위반하여 인명피해를 발생하게 한 사업주, 경영책임자, 공무원 및 법인의 처벌 등을 규정함으로써 중대재해를 예방하고 시민과 종사자의 생명과 신체를 보호함을 목적으로 한다.

2) 대상 : 공중이용시설

① 개별사업장 면적이 2,000m² 이상인 주유소 및 충전소

② 종합 유원시설 중 안전성검사 대상인 유기시설 또는 유기기구

3) 중대재해법 주요 내용(대상시설물 등) : 공중교통수단

① 도시철도차량

- 도시교통의 원활한 소통을 위하여 도시교통권역에서 건설·운영하는 철도·모노레일·노면전차·선형유도전동기 자기부상열차 등 궤도에 의한 교통시설 및 교통수단

② 동력차·객차

- 선로를 운영할 목적으로 제작된 동력차와 객차

③ 승합자동차

- 운행계통을 정하고 국토교통부령으로 정하는 자동차를 사용하여 여객을 운송하는 시외버스운송 사업에 사용되는 차

④ 여객선

- 13인 이상 여객을 운송할 수 있는 선박 중 해양수산부령으로 정하는 선박

⑤ 항공기
- 국내항공운송사업, 국제항공운송사업 및 소형항공운송사업에서 사용되는 항공기
· 항공운송사업 : 타인의 수요에 맞추어 항공기를 사용하여 유상으로 여객이나 화물을 운송하는 사업

4) 중대시민재해 주요내용(의무사항)

사업주, 경영책임자의 책무(마땅히 지켜야할 의무)

(중대시민재해) 경영책임자가 실질적으로 지배, 운영, 관리하는 공중이용시설 및 공중교통수단에서 이용자의 안전을 위한 조치를 할 의무

① 중대시민재해(제9조) 방지를 위한 경영책임자 의무 세부사항
- (1호) 재해예방에 필요한 인력, 예산, 점검 등 안전보건관리체계의 구축 및 이행에 관한 조치
- (2호) 재해 발생 시 재해방지 대책 수립 및 그 이행에 관한 조치
- (3호) 정부부처 및 지자체가 관계법령에 따라 개선, 시정을 명한 사항의 이행에 관한 조치
- (4호) 안전, 보건 관계법령에 따른 의무이행에 필요한 관리상의 조치
→ 1호 및 4호의 구체적인 사항은 시행령에서 정하도록 위임

5) 중대시민재해 주요내용(인력·예산)

재해예방에 필요한 인력 확보 및 안전 예산 편성·집행

(시행령 제10조 제1호, 제2호)

① 관계 법령에 따른 필요예산은 인건비, 시설·장비 확보·유지관리비, 안전점검비, 유지관리비, 기타 비용으로 편성할 수 있다.

6) 중대시민재해 주요내용(계획수립)

안전계획수립(시행령 제10조 제4호)

① 기획재정부의 "공공기관의 안전관리에 관한 지침" 제6조에 따라 안전경영책임계획을 수립하는 현황 등의 내용을 활용하여 안전계획 수립 가능하다.

7) 과거 대법원 판례 조사(중대시민재해) : 도로 분야

대법원 2004.6.11. 선고 2003다 62026 판결

① 도로의 설치·관리상 하자의 의미(지자체의 도로 설치·관리상의 하자 인정)

8) 과거 대법원 판례 조사(중대시민재해) : 도로 분야

대법원 1999.12.24. 선고 99다 32536 판결

① 고여 있는 빗물에 미끄러져 일어난 사고 시 고속도로 설치·관리상의 하자 인정

9) 과거 대법원 판례 조사(중대시민재해) : 교통 분야

대법원 2009.8.12. 선고 2008다 8615 판결

① 가스 정비불량에 따른 터널 화재사고에 대해 버스기사와 버스회사의 책임 인정

10) 과거 대법원 판례 조사(중대시민재해) : 철도 분야

대법원 1970.9.22. 선고 70다1850판결

① 열차 승차로 인한 사고시 철도경영자의 책임 인정

III. 대응방안

1. 인프라 재해예방과 복원력 강화 – 제도와 사례

1) 목적

한국 중대재해법에 대응하는 패러다임이 이동하고 있다. 즉 관리에서 경영으로의 이동이다.

HSE(Health Safety Environment)는 역할과 책임·이해관계자, Hazard, Threat의 식별·대응역량, Tool·실행우선순위를 정하는데 있다.

재난재해 안전경영체계의 구축·이행은 위험 요인 파악, 대응 역량 예방체계 마련, 이행·개선으로 안전과 복원역량의 확보가 중요하다.

중대재해·안전보건·ESG의 상관관계는 새로운 기업환경과 사회적 책무 및 경영체계를 구축 및 ESG가 성립하기 위한 기본전제이다. 처벌과 규제에 따른 전시적 행정이 아닌 실질적인 예방활동이 필요하다. 종업원과 사용자에 대한 경영자의 기본적인 의무는 안전한 환경에서 일 할 권리와 시민의 사용권이다. 기업의 사회적 책임, 새로운 무역규제와 산업질서는 안전보건관리는 ESG의 기본이다. 안전은 비용이 아닌 투자이며 경영의 일부로서 산업재해는 생산성 및 기업에 대한 투자가치에 부정적 영향을 미친다. 「중대재해 처벌법」 제정·시행은 경영자에 재난재해 안전보건 관리체계 구축이행 의무부과를 하고 있다.

안전경영관리시스템 구축 7대 핵심요소는 경영자 리더십, 위험 요인 파악, 근로자의 참여, 위험 요인·대체 및 통제, 비상조치 계획수립, 도급·용역·위탁 시 안전보건 확보 평가 및 개선이다.

중대재해처벌법 필수조치사항으로는 다음과 같다.

① 안전·보건 목표와 경영방침의 설정

② 안전·보건 업무를 총괄·관리하는 전담 조직 설치

③ 유해·위험 요인 확인 개선 절차 마련, 점검 및 필요한 조치

④ 재해예방에 필요한 안전·보건에 관한 인력·시설·장비 구비와 유해·위험 요인 개선에 필요한 예산 편성 및 집행

⑤ 안전보건관리책임자 등의 충실한 업무수행 지원(권한과 예산 부여, 평가기준 마련 및 평가·관리)

⑥ 산업안전보건법에 따른 안전관리자, 보건관리자 등 전문인력 배치

⑦ 종사자 의견 청취 절차 마련, 청취 및 개선방안 마련·이행 여부 점검

⑧ 중대산업재해 발생 시 등 조치 매뉴얼 마련 및 조치 여부 점검

⑨ 도급, 용역, 위탁 시 산재예방 조치 능력 및 기술에 관한 평가기준·절차 및 안전보건 관리비용 기준, 업무수행기간 관련 기준 마련·이행 여부 점검

2) 일반적인 위험성 평가

위험 요인별 제거·대체 및 통제방안 검토·수립 절차는 다음과 같다.

효과가 큰 순서로 위험요소제거로 구조 변경 등 위험요소의 물리적 제거를 들 수 있다. 예로서 밀폐공간 내 기계를 외부로 재배치하는 것이다. 두 번째 위험요소 대체하는 것이다. 위험성이 낮은 위험 요인으로 대체하는 것이다. 예를 들어 메탄올을 에탄올로 재체하는 것이다. 세 번째 공학적 통제이다. 위험 요인과 작업자를 격리하는 것이다. 예를 들면 방호장치, 환기장치 설치를 들 수 있다. 네 버째 행정적 통제로서 작업방법을 변경하는 것이다. 예를 들면 작업절차서 정비, 작업허가제 도입 등을 들 수 있다. 마지막으로 개인보호구 활용방안 마련이다. 예를 들면 송기마스크를 들 수 있다.

3) 중대재해의 예방과 대응역량의 기반 이해

위험 적용분야를 검토하여 위험식별 및 위험평가하고, 역량식별 및 자원식별을

한다. 예산프로그램 시나리오훈련과 교육프로그램을 통한 지속가능 역량구축을 한다. 지속역량구축과 이해관계자 대비태세 구축을 통한 구축역량 구현계획을 실현한다.

수행원칙은 전이해관계자가 참여하고, 모든 위해요소를 찾아내며, 역량기반 모델을 만든다. 즉 위협 및 위험 식별 및 위험 평가(THIRA)/이해관계자 대비 검토(SPR)를 한다. 원어로는 Threat & Hazard Identification & Risk Assessment (THIRA)/Stakeholder Preparedness Review (SPR)이다. 이는 플랫폼기반 위해와 위협에 대한 평가의 틀을 제공하여 각 부문별로 위험관리 역량을 스스로 산출하게 하는 기반이다. 콘트롤타워가 구축한 THIRA분석 기준에 따라 32가지의 재난재해대응역량을 확정하고 산업단위로 빈번하는 위해와 위협의 유형과 우선순위를 정하고 위험도 분석을 통해 역량의 수준을 결정한다. 그리고 이해관계자 (산업재해/시민재해)분석을 실시한다.

① 현재의 대응태세를 측정
② 역량취약성과 역량을 강화하는 방안을 제시
③ 재난재해예방예산이 우선적으로 필요한 역량의 확보와 결과 분석이다.

산업재해 안전관리 5단계는 다음과 같다.
① 예방(Prevention) : 잠재적 또는 실질적 위협과 위험에 대하여 회피, 예방, 또는 중지를 수행할 수 있는 역량
② 보호(Protection) : 산업재해사고, 인적재해 또는 자연재해로 부터 시설과 인명을 보호하는 데 필요한 일관된 상태의 역량
③ 경감(Mitigation) : 산업재해의 영향을 줄임으로써 인명과 재산의 피해를 감소하려는 노력
④ 대응(Response) : 사고발생 직후부터 인명구조, 재산과 환경의 보호 그리고 기본생활지원을 위한 노력

⑤ 복구(Recovery) : 사고로부터 이전 상태로 회복하기 위해 노력하는 산업재해관리주체를 지원하는 일체의 행위이다.

주요인프라시설 중대재해예방과 안전경영시스템에 대한 고찰과 시사점

인프라시설에 대한 산업재해로부터의 보호와 복원력에 관한 전략의 배경을 제공한다.

구성 요소는 다음과 같다.

① 동적 위협 환경
- 자연 재해, 테러리스트, 사고, 사이버 공격

② 국가적 계획과 체계화를 필요로 하는 복잡한 문제
- 자산 중심부터 시스템, 네트워크까지 다양한 18개 부문 (18개)
- 외부 규제 공간(보안 중심 체제가 거의 없음)
- 85%가 민간 소유
- 주 및 지방 관할 구역에서 100%

2. 중대시민재해

다음은 중대시민재해에 대한 내용이다.

1) 중대시민재해 예방·대응전략(가이드라인)

① 공중이용시설 등의 경영책임자가 준수해야 할 사항을 쉽게 안내하기 위한 가이드라인을 마련하고 다양한 의견 수렴

2) 중대시민재해 예방·대응전략(예방)

예방 : 유해·위험 요인 확인·점검하여 개선하는 업무 절차 마련

① 유해·위험 요인 신고 또는 조치요구 시, 시설관리자는 유해·위험 요인을 확인하고, 경미한 경우 자체 개선 후 신고자에게 조치결과 통보

② 유해·위험 요인인 중대재해 발생우려가 있는 경우, 시설관리자는 경영책임자 등에게 보고하고, 경영책임자 등은 보수·보강 지시 및 조치결과를 확인

① 유해·위험 요인 확인·점검 체크리스트 마련
② 유해·위험 요인 발견 시 조치 매뉴얼 개발
③ 중대재해 예방 및 안전·보건관리체계 구축을 위한 담당자, 위탁기관 대상 지속적인 교육 추진

3) 중대시민재해 예방·대응전략(예방)

안전·보건관리체계 구축 및 이행
중대시민재해 예방을 위한 P - D - C - A 환류체계 구축

4) 중대시민재해 예방·대응전략(대응)

중대재해가 발생하면
① 경찰이 사고 원인을 조사한 후
② 관계부처·경찰 등이 사업주, 경영책임자등의 의무사항 이행여부나 안전확보 노력 등을 확인하며
③ 사법기관은 사고 원인과 경영책임자등의 위무 불이행 간의 인과관계, 경영책임자의 사고예방 노력 등을 종합적으로 판단하여 처벌 여부 및 형량을 결정함

5) 중대재해 예방을 위한 미래 과제

① 사고조사의 과학화
   - 사고원인 정량분석으로 과학적인 과실을 도출
   - 다양한 시나리오(공정/ 환경 등)별 위험 요인 발굴

② 빅데이터를 활용한 명확한 기준
- 빅데이터 기반의 세부기준개발(인재 vs 자연재해)
- 기술발전을 못 따라가는 제도 개선(지체현상)
- 안전사각지대 시설물의 관리 기준제시

③ 안전 통합 관제 시스템
- 데이터 마이닝 기반의 시설 안전 분석 기술 개발
- 현장 중심 재해 대응 기술 개발
- 디지털 트윈 기반의 스마트 안전 관제 시스템 개발

6) 중대재해처벌법은
① (안전경영) 기업의 조직문화와 안전관리 시스템 미비로 인해 일어나는 중 중대재해사고를 예방하기 위함이다.
② (사각지대) 관련안전법령이 존재치 않은 소규모 구조물이나 관리사각지대에서 발생하는 시민 재해도 대비해야 한다.

IV. PM(프로젝트 매니지먼트)-안전관리 연계 방안

「중대재해 처벌 등에 관한 법률」(이하 '중대재해처벌법')은 2021. 1. 26. 제정되어 2022. 1. 27.부터 시행되었다. 위 법의 제정 이유는 다음과 같다.

현대중공업 아르곤 가스 질식 사망사고, 태안화력발전소 압사사고, 물류창고 건설현장 화재사고와 같은 산업재해로 인한 사망사고와 함께 가습기살균제 사건 및 4·16 세월호 사건과 같은 시민재해로 인한 사망사고 발생 등이 사회적 문제로 지적되어 왔다. 이에 사업주, 법인 또는 기관 등이 운영하는 사업장 등에서 발생한 중대산업재해와 공중이용시설 또는 공중교통수단을 운영하거나 위험한 원료 및 제조물을 취급하면서 안전·보건 조치의무를 위반하여 인명사고가 발생한 중대시민재해의 경우, 사업주와 경영책임자 및 법인 등을 처벌함으로써 근로자를 포함한 종사자와 일반 시민의 안전권을 확보하고, 기업의 조직문화 또는 안전관리 시스템 미비로 인해 일어나는 중대재해사고를 사전에 방지하려는 것이다.

중대재해처벌법의 제정 이유에 언급된 대표적인 산업재해, 시민재해 사례는 공통적으로 안전관리 시스템 미비나 안전불감증 등의 조직문화에서 비롯된 '인재(人災)'라고 지적되었고, 이러한 문제를 구조적으로 해결하여 재발을 방지하여야 한다는 각계의 주장과 반성에도 불구하고 사회적 참사가 근절되지 아니한 것이 그간의 현실이었다. 이에 기존의 법률 체계 아래에서는 기업 경영자에 대한 엄정한 처벌과 이를 통한 억제 효과가 제대로 구현되기 어렵다는 문제의식에서 출발하여 입법으로 근본적인 해결책을 마련해야 한다는 의견이 일각에서 꾸준히 제기되어 왔다. 산업재해의 경우, 산업현장에서의 근로자 보호를 위한 법령 개정과 제도적개선 등이 추진되어 왔고, 2019. 1. 15. 전면 개정된 산업안전보건법(2020. 1. 16. 시행) 또한 위와 같은 노력의 일환이었다. 개정 산업안전보건법은 산업현장에서 산업재해 예방을 위한 정부의 노력과 입법적 보완 등에도 불구하고 산업재해로 인한 피해가 반복되는 점, 중대재해 피해자가 주로 협력업체 소속이라는 점, 기존의 고용 형태에서 벗어난 특수형태근로종사자에 대해서도 제도적 보호가 필요한 점 등을 고려하여 수급인 및 관계수급인 소속 근로자들에 대한 도급인의 책임을 강화하고, 법의 보호대상을 확대하는 방향으로 개정이 이루어졌다. 산업재해와 근로자 안전에 대한 사회적 관심이 높아짐에 따라 사용자 및 도급인 등에 대한 처벌을 강화하는 내용의 개정 산업안전보건법이 2020. 1. 16. 시행되었음에도 불구하고, 최근 수년간의 추세를 살펴보면 사고 재해자 수가 감소 추세에 있다고 보기는 어렵다. 2020년 기준으로 사고 재해자 수는 2019년 대비 감소하였으나 2014년 ~ 2018년 기간과 비교하면 오히려 증가하였고, 사고 사망자 수는 연간 900명 이하 수준을 유지하고 있으나 2019년 대비 증가하였기 때문이다. 2020년 기준으로 공사금액 20억원 미만, 49인 이하 건설업 사업장에서 60세 이상 근로자가 가장 많이 사망하였고, 재해 유형은 추락사고가 가장 많이 발생하였다.

1. 적용 범위 및 적용 유예

1) 관련 조문

제3조(적용범위) 상시근로자가 5명 미만인 사업 또는 사업장의 사업주(개인사업주에 한정한다. 이하 같다) 또는 경영책임자 등에게는 이 장의 규정을 적용하지 아니한다. 부칙 제1조(시행일) 이 법은 공포 후 1년이 경과한 날부터 시행한다. 다만, 이 법 시행 당시 개인사업자 또는 상시근로자가 50명 미만인 사업 또는 사업장(건설업의 경우에는 공사금액 50억 원 미만의 공사)에 대해서는 공포 후 3년이 경과한 날부터 시행한다.

2) 적용 범위

중대재해처벌법은 기업의 안전보건관리체계 미비로 인해 일어나는 중대재해 사고를 사전에 방지하기 위하여 사업을 대표하는 경영책임자 등에 대한 처벌규정을 두고 있다. 이러한 입법취지 등을 고려할 때 법 제3조에서 말하는 '사업 또는 사업장'이란 '경영상 일체를 이루면서 유기적으로 운영되는 기업 등 조직 그 자체'를 의미하며, 사업장이 장소적으로 인접할 것을 요하지 않는다. 따라서 장소적 개념에 따라 구분되는 사업장 단위로 법의 적용 범위를 판단하여서는 안 된다.

3) 적용 유예

한편 중대재해처벌법은 공포 후 1년이 경과한 날인 2022. 1. 27.부터 시행되었으나 이 법 시행 당시 개인사업자 또는 상시근로자가 50명 미만인 사업 또는 사업장(건설업의 경우에는 공사금액 50억 원 미만의 공사)에 대해서는 공포 후 3년이 경과한 날인 2024. 1. 27.부터 시행한다.

2. 사업주 등의 안전 및 보건 확보의무

1) 관련 조문

제4조(사업주와 경영책임자 등의 안전 및 보건 확보의무) ① 사업주 또는 경영책임자 등은 사업주나 법인 또는 기관이 실질적으로 지배·운영·관리하는 사업 또는 사업장에서 종사자의 안전·보건상 유해 또는 위험을 방지하기 위하여 그 사업 또는 사업장의 특성 및 규모 등을 고려하여 다음 각 호에 따른 조치를 하여야 한다.
1. 재해예방에 필요한 인력 및 예산 등 안전보건관리체계의 구축 및 그 이행에 관한 조치
2. 재해 발생 시 재발 방지 대책의 수립 및 그 이행에 관한 조치
3. 중앙행정기관·지방자치단체가 관계 법령에 따라 개선, 시정 등을 명한 사항의 이행에 관한 조치
4. 안전·보건 관계 법령에 따른 의무 이행에 필요한 관리상의 조치
   ② 제1항제1호·제4호의 조치에 관한 구체적인 사항은 대통령령으로 정한다.

중대재해처벌법 제4조 제1항은 사업주 또는 경영책임자등에게 사업주나 법인 또는 기관이 실질적으로 지배·운영·관리하는 사업 또는 사업장에서 일하는 모든 종사자에 대한 안전보건 확보의무를 부과하고 있다. 사업 또는 사업장에서 종사자의 안전·보건상 유해 또는 위험을 방지하기 위해 사업 또는 사업의 특성 및 규모 등을 고려하여 조치해야 하는 안전보건 확보의무는 다음과 같다.

① 재해예방에 필요한 안전보건관리체계의 구축 및 이행

② 재해발생시 재발 방지 대책의 수립 및 이행

③ 중앙행정기관·지방자치단체가 관계 법령에 따라 개선, 시정 등을 명한 사항의 이행

④ 안전보건 관계 법령에 따른 의무이행에 필요한 관리상의 조치가 있다.

한편, 중대재해처벌법 제6조는 동법 제4조 및 제5조를 위반하여 중대산업재해에 이르게 한 개인사업주 또는 경영책임자 등을 처벌하고 있으므로 법 제4조 제1항은 중대재해처벌법위반죄의 구성요건의 일부를 규정하는 것이라고 할 수 있다.

2) 개인사업주 또는 경영책임자 등

중대재해처벌법 제4조 제1항은 안전보건 확보의무의 주체로 '개인사업주 또는 (법인 또는 기관의) 경영책임자 등'을 규정하고 있다. '개인사업주 또는 경영책임자 등' 법 제4조 또는 제5조 위반으로 중대산업재해에 이르게 한 죄는 개인사업주 또는 경영책임자등이라는 신분이 있어야 범죄가 성립하는 신분범이라 할 것이다.

3) 실질적 지배·운영·관리의 의미

산업안전보건법에서 '도급인이 지배·관리하는 장소'란 통상 유해·위험 요인을 인지하고 파악하여 해당 요인을 제거하는 등으로 통제할 수 있는 정도를 의미한다고 할 것이고, 이는 중대재해처벌법상의 '지배·운영·관리'의 해석에도 참고가 될 것이다. 이와 같은 '지배·관리'의 해석과 '운영은 조직이나 기구, 사업체 따위를 운용하고 경영함'이라는 '운영'의 사전적 개념 등을 고려하면, '실질적 지배·운영·관리'는 유해·위험 요인을 제거·통제할 수 있고, 경영적 관점에서 하나의 사업 목적 하에 해당 사업 또는 사업장의 조직, 인력, 예산 등에 대한 결정을 총괄하여 행사하는 경우를 의미한다. '실질적 지배·운영·관리'에 해당하는지 여부를 판단함에 있어서 일차적으로 '통제가능성' 여부를 확인할 뿐 아니라 사업장의 특성 및

규모 등을 구체적으로 고려하여,

① 해당 작업이 이루어지는 장소에 사업주 등의 지시권이 미칠 수 있는 관리자의 파견 여부
② 해당 장소에서 일어나는 업무 및 비상 상황 등에 대한 보고가 이루어질 수 있는 체계가 있는지 여부(일일 또는 월간 업무보고 등)
③ 일상적 또는 비일상적 작업이나 경영상 판단이 필요한 중요 업무 결정에 대해 사업주 또는 경영책임자등이 관여하는지 여부
④ 해당 장소의 시설·설비의 소유권이 누구에게 있는지 여부
⑤ 사업 운영예산의 편성 및 집행 권한이 누구에게 있는지 여부 등도 추가적으로 확인하여 최종적으로 '실질적 지배·운영·관리' 여부를 판단하여야 할 것이다.

한편, 실무상 사업주나 법인 또는 기관 자신이 사용하는 사업장은 소속 근로자에 대한 관계에서는 특별한 사정이 없는 한 해당 사업주 등이 실질적으로 지배·운영·관리하는 사업 또는 사업장에 해당할 것으로 보인다.

4) 안전 및 보건 확보의무

1) 개요

중대재해처벌법 제4조 제1항은 개인사업주 또는 경영책임자등에게 4가지의 안전보건 확보의무를 부여하고 있다.

즉 개인사업주 또는 경영책임자등은 재해예방에 필요한 인력 및 예산 등 안전보건관리체계의 구축 및 그 이행에 관한 조치(제1호), 재해 발생 시 재발 방지 대책의 수립 및 그 이행에 관한 조치(제2호), 중앙행정기관·지방자치단체가 관계 법령에 따라 개선, 시정 등을 명한 사항의 이행에 관한 조치(제3호), 안전보건 관계 법령에 따른 의무이행에 필요한 관리상의 조치(제4호)를 취하여야 한다.

위와 같이 개인사업주 또는 경영책임자등에게 부과하는 의무는

① 종사자의 안전보건상 유해 또는 위험을 방지하기 위하여

② 개인사업주 또는 경영책임자등이 실질적으로 지배·운영·관리하는 각각의 사업 또는 사업장의 특성 및 규모 등을 고려하여

③ 법 제4조 제1항 제1호부터 제4호에 따른 조치를 하여야 할 의무이다.

따라서 의무의 구체적인 내용은 법 제4조 제1항 각호의 규정에 따라야 할 것이나 각호의 규정을 해석할 때에는 법 제4조 제1항 본문에 규정하고 있는 '안전보건 확보의무가 부여된 목적'과 '해당 사업 또는 사업장 특성 및 규모' 등을 고려해야 할 것이다.

한편 법 제4조 제2항은 같은 조 제1항 제1호 및 제4호의 조치에 관한 구체적인 사항은 대통령령으로 정한다고 규정하고 있고, 이에 대한 구체적인 사항은 시행령 제4조, 제5조에서 규정하고 있다.

2) 안전보건관리체계의 구축 및 그 이행에 관한 조치

제4조(사업주와 경영책임자 등의 안전 및 보건 확보의무)
① 사업주 또는 경영책임자 등은 사업주나 법인 또는 기관이 실질적으로 지배·운영·관리하는 사업 또는 사업장에서 종사자의 안전·보건상 유해 또는 위험을 방지하기 위하여 그 사업 또는 사업장의 특성 및 규모 등을 고려하여 다음 각 호에 따른 조치를 하여야 한다.
  1. 재해예방에 필요한 인력 및 예산 등 안전보건관리체계의 구축 및 그 이행에 관한 조치
② 제1항제1호 · 제4호의 조치에 관한 구체적인 사항은 대통령령으로 정한다. 시행령 제4조(안전보건관리체계의 구축 및 이행 조치) 법 제4조제1항제1호에 따른 조치의 구체적인 사항은 다음 각 호와 같다. 1. 사업 또는 사업장의 안전·보건에 관한 목표와 경영방침을 설정할 것

2. 「산업안전보건법」 제17조부터 제19조까지 및 제22조에 따라 두어야 하는 인력이 총 3명 이상이고 다음 각 목의 어느 하나에 해당하는 사업 또는 사업장인 경우에는 안전·보건에 관한 업무를 총괄·관리하는 전담 조직을 둘 것. 이 경우 나목에 해당하지 않던 건설사업자가 나목에 해당하게 된 경우에는 공시한 연도의 다음 연도 1월 1일까지 해당 조직을 두어야 한다.

(가) 안전보건에 관한 목표와 경영방침 설정

> 시행령 제4조(안전보건관리체계의 구축 및 이행 조치) 법 제4조제1항제1호에 따른 조치의 구체적인 사항은 다음 각 호와 같다. 1. 사업 또는 사업장의 안전·보건에 관한 목표와 경영방침을 설정할 것

1) 개요

시행령 제4조 제1호에 따르면 개인사업주 또는 경영책임자등은 '사업 또는 사업장의 안전보건에 관한 목표와 경영방침'을 설정하여야 한다.

2) 목표와 경영방침 설정 시 고려 사항

사업 또는 사업장의 안전보건에 관한 목표와 경영방침은 자율적으로 설정하되, 아래와 같은 사항을 고려하여야 한다.

① 사업 또는 사업장의 유해·위험 요인 등 구체적 특성을 반영하여야 한다.
② 사업 또는 사업장의 종사자에게 명확하고 실효적으로 전달되어야 한다.
③ 종사자의 안전보건을 확보하기 위한 구체적인 세부전략이 제시되어야 한다.
④ 안전보건에 관한 지속적 개선 의지가 제시되어야 한다.
⑤ 경영방침 수립 절차에서 종사자 등 구성원들과 협의 등 의견수렴 절차를 거쳐야 한다.
⑥ 목표 달성 여부 등에 대한 수시 점검 및 사후 평가가 가능하여야 한다.

(나) 안전·보건에 관한 업무 총괄·관리 전담 조직

(다) 유해·위험 요인의 확인·개선에 대한 점검

1) 개요

시행령 제4조 제3호에 따르면 개인사업주 또는 경영책임자등은 사업 또는 사업장의 특성에 따른 유해·위험 요인을 확인하여 개선하는 업무절차를 마련하고, 해

당 업무절차에 따라 유해·위험 요인의 확인 및 개선이 이루어지는지를 반기 1회 이상 점검한 후 필요한 조치를 하여야 한다.

2) 구체적 실행 방안

유해·위험 요인의 확인·점검 및 개선은 적극적으로 위험을 발굴하고, 작업방식, 안전보건조치의 적용에 대해 감독을 하여 위험을 최소화하기 위한 것으로 유해·위험 요인의 점검에 그칠 것이 아니라 적극적으로 작업방식을 변경하거나 유해·위험물질을 대체하는 등 유해·위험 요인을 제거하고 통제하되, 제거나 통제가 되지 않을 때에는 작업중지를 하거나 개인에게 적절한 보호장구를 지급하는 등 조치를 하는 것을 모두 포함한다.

3) 유해·위험 요인을 확인·개선하는 업무 절차

'유해·위험 요인을 확인·개선하는 업무절차'란 사업 또는 사업장의 특성에 따른 업무로 인한 유해·위험 요인의 확인 및 개선 대책의 수립·이행까지 이르는 일련의 절차를 의미한다.

가) 유해·위험 요인 확인 절차

'유해·위험 요인을 확인하는 절차'는 누구든지 자유롭게 사업장의 위험 요인을 발굴하고 신고할 수 있는 창구를 포함하여 개인사업주 또는 경영책임자 등이 사업장의 유해·위험 요인을 파악하는 체계적인 과정을 의미한다.

나) 유해·위험 요인 개선 절차

'유해·위험 요인을 개선하는 절차'는
① 확인된 유해·위험 요인을 체계적으로 분류·관리하고 유해·위험 요인별로 제거·대체·통제하는 방안을 마련하여야 하며, 현장작업자, 관리감독자, 안전보

건담당자와 함께 개선방안을 마련하여야 한다.

② 해당 사업장에서 발생할 수 있는 다양한 재해 유형별로 산업안전보건법령, 산업안전보건기준에 관한 규칙 등을 참고하여 위험 기계·기구·설비, 유해인자, 위험 장소 및 작업 방법에 대한 안전보건조치 여부를 확인 후 조치가 되어 있지 않으면 유해·위험 요인이 제거, 대체, 통제 등 개선될 때까지는 원칙적으로 작업을 중지하고 조치가 완료된 후 작업을 개시하도록 하는 내용을 포함하여야 한다.

4) 유해·위험 요인의 확인 및 개선 활동 반기 1회 이상 점검

5) 유해·위험 요인의 확인·개선에 대한 점검 후 필요한 조치

개인사업주나 법인 또는 기관은 유해·위험 요인의 확인 및 개선의 이행에 대한 점검에 그치는 것이 아니라, 점검 후 유해·위험 요인에 대한 개선 조치가 제대로 이행되지 않은 경우에는 유해·위험 요인의 제거, 대체, 통제 등 개선될 수 있도록 필요한 조치를 하여야 한다.

6) 산업안전보건법 제36조에 따른 위험성 평가

○ 개념 : 유해·위험 요인을 파악하고 해당 유해·위험 요인에 의한 부상 또는 질병의 발생 가능성과 중대성을 추정·결정하고 감소대책을 수립하여 시행하는 일련의 과정

○ 실시 주체 : 위험성 평가는 사업주가 주체가 되어 안전보건관리책임자, 관리감독자, 안전관리자·보건관리자 또는 안전보건관리담당자, 대상 작업의 근로자가 참여하여 각자 역할을 분담하여 실시하도록 하고 있음

○ 절차 :

① 평가 대상의 선정 등 사전 준비 →

② 근로자의 작업과 관계되는 유해·위험 요인의 파악 →

③ 파악된 유해·위험 요인별 위험성의 추정 →

④ 추정한 위험성이 허용 가능한 위험성 인지 여부의 결정 →

⑤ 위험성 감소대책 수립 및 실행 →

⑥ 위험성평가 실시내용 및 결과에 관한 기록

○ 유형 : 최초 평가, 정기평가(매년), 수시평가(시설·공정 변경 시, 산재발생 시 등)

(라) 재해 예방에 필요한 예산 편성 및 용도에 맞는 집행

시행령 제4조(안전보건관리체계의 구축 및 이행 조치) 법 제4조제1항제1호에 따른 조치의 구체적인 사항은 다음 각 호와 같다.
4. 다음 각 목의 사항을 이행하는 데 필요한 예산을 편성하고 그 편성된 용도에 맞게 집행하도록 할 것
가. 재해 예방을 위해 필요한 안전·보건에 관한 인력, 시설 및 장비의 구비
나. 제3호에서 정한 유해·위험 요인의 개선
다. 그 밖에 안전보건관리체계 구축 등을 위해 필요한 사항으로서 고용노동부장관이 정하여 고시하는 사항

1) 개요

시행령 제4조 제4호에 따르면, 개인사업주 또는 경영책임자 등은

① 재해예방을 위해 필요한 안전보건에 관한 인력·시설·장비의 구비와 유해·위험 요인의 개선 등에 필요한 예산을 편성하고

② 그 편성된 용도에 맞게 집행하도록 하여야 한다. 경영책임자등이 안전경영 차원에서 가장 실효적으로 수행할 수 있는 영역은 바로 예산에 관한 것이다. 안전보건에 관한 제반 조치들이 실효적으로 작동하기 위해서는 그에 상응하는 예산이 뒷받침되어야 한다.

2) 안전·보건에 관한 인력, 시설 및 장비의 구비에 필요한 예산

3) 제3호에서 정한 유해·위험 요인의 개선에 필요한 예산

4) 기타 예산

5) 예산을 편성된 용도에 맞게 집행

(마) 안전보건관리책임자 등의 충실한 업무수행을 위한 조치

시행령 제4조(안전보건관리체계의 구축 및 이행 조치) 법 제4조제1항제1호에 따른 조치의 구체적인 사항은 다음 각 호와 같다.
5. 「산업안전보건법」 제15조, 제16조 및 제62조에 따른 안전보건관리책임자, 관리감독자 및 안전보건총괄책임자(이하 이 조에서 "안전보건관리책임자 등"이라 한다)가 같은 조에서 규정한 각각의 업무를 각 사업장에서 충실히 수행할 수 있도록 다음 각 목의 조치를 할 것
   가. 안전보건관리책임자 등에게 해당 업무 수행에 필요한 권한과 예산을 줄 것
   나. 안전보건관리책임자 등이 해당 업무를 충실하게 수행하는지를 평가하는 기준을 마련하고, 그 기준에 따라 반기 1회 이상 평가

1) 개요

시행령 제4조 제5호에 따르면 개인사업주 또는 경영책임자 등은 각 사업장의 안전보건관리책임자, 관리감독자 및 안전보건총괄책임자(이하 "안전보건관리책임자 등"이라 함)가 산업안전보건법에 정해진 각각의 업무를 충실히 수행할 수 있도록

① 안전보건관리책임자 등의 업무 수행에 필요한 권한과 예산을 부여하고
② 해당 업무를 충실하게 수행하는지를 평가하는 기준을 마련하여 그 기준에 따라 반기 1회 이상 평가·관리하여야 한다.

2) 안전보건관리책임자 등에게 해당 업무 수행에 필요한 권한과 예산을 줄 것
3) 안전보건관리책임자 등이 해당 업무를 충실하게 수행하는지 여부를 평가할 기준을 마련할 것

'해당 업무를 충실하게 수행하는지를 평가하는 기준'은, 안전보건관리책임자

등이 해당 법령에 의해 정해진 의무를 제대로 수행하고 있는지에 대해 평가 항목을 구성하는 것을 의미한다.

4) 평가기준에 따라 반기 1회 이상 평가·관리할 것

안전보건관리책임등의 업무 수행 평가와 관리는 그 평가기준에 따라 반기 1회 이상 이루어져야 한다. 안전보건관리책임자의 다른 업무 수행능력 평가 시 병행하여 평가하여도 되며, 반드시 산업안전보건법에 따른 업무 수행과 관련한 평가만 별도로 하여야 하는 것은 아니다.

(바) 안전관리자, 보건관리자, 안전보건관리담당자 및 산업보건의 배치

시행령 제4조(안전보건관리체계의 구축 및 이행 조치) 법 제4조제1항제1호에 따른 조치의 구체적인 사항은 다음 각 호와 같다.
6. 「산업안전보건법」 제17조부터 제19조까지 및 제22조에 따라 정해진 수 이상의 안전관리자, 보건관리자, 안전보건관리담당자 및 산업보건의를 배치할 것. 다만, 다른 법령에서 해당 인력의 배치에 대해 달리 정하고 있는 경우에는 그에 따르고, 배치해야 할 인력이 다른 업무를 겸직하는 경우에는 고용노동부장관이 정하여 고시하는 기준에 따라 안전·보건에 관한 업무 수행시간을 보장해야 한다.

1) 개요

시행령 제4조 제6호에 따르면 개인사업주나 경영책임자 등은 산업안전보건법 제17조, 제18조, 제19조, 제22조에 따라 두어야 하는 수 이상의 안전관리자, 보건관리자, 안전보건관리담당자 및 산업보건의를 배치하여야 한다.

2) 안전관리자, 보건관리자, 안전보건관리담당자 및 산업보건의를 배치할 것

(사) 종사자 의견 청취 및 개선방안 이행조치 의무

> 시행령 제4조(안전보건관리체계의 구축 및 이행 조치) 법 제4조제1항제1호에 따른 조치의 구체적인 사항은 다음 각 호와 같다.
> 7. 사업 또는 사업장의 안전·보건에 관한 사항에 대해 종사자의 의견을 듣는 절차를 마련하고, 그 절차에 따라 의견을 들어 재해 예방에 필요하다고 인정하는 경우에는 그에 대한 개선방안을 마련하여 이행하는지를 반기 1회 이상 점검한 후 필요한 조치를 할 것. 다만, 「산업안전보건법」 제24조에 따른 산업안전보건위원회 및 같은 법 제64조·제75조에 따른 안전 및 보건에 관한 협의체에서 사업 또는 사업장의 안전·보건에 관하여 논의하거나 심의·의결한 경우에는 해당 종사자의 의견을 들은 것으로 본다.

1) 개요

시행령 제4조 제7호에 따르면 개인사업주 또는 경영책임자 등은 사업 또는 사업장의 안전·보건에 관한 의견 청취 절차를 마련하여, 각 사업장에서 그 절차에 따라 종사자 의견을 청취하고 개선이 필요한 경우에는 개선방안을 마련하여 이행하는지를 반기 1회 이상 점검한 후 필요한 조치를 하여야 한다.

2) 안전·보건에 관한 사항에 대해 종사자의 의견을 듣는 절차 마련

3) 종사자의 의견에 따른 개선방안 마련 및 점검

4) 산업안전보건위원회 및 안전보건에 관한 협의체에서 종사자의 의견 청취

시행령 제4조 제7호는

① 산업안전보건법 제24조의 '산업안전보건위원회'

② 같은 법 제64조의 '도급인의 안전 및 보건에 관한 협의체'

③ 같은 법 제75조의 '건설공사의 안전 및 보건에 관한 협의체'에서 사업 또는 사업장의 안전보건에 관하여 논의하거나 심의·의결한 경우에는 해당 종사자의 의견을 들은 것으로 간주하고 있다.

가) 산업안전보건위원회

나) 도급인의 안전 및 보건에 관한 협의체

도급인의 안전보건에 관한 협의체는 도급인 자신의 사업장에서 수급인 근로자가

(아) 중대산업재해 발생 및 발생할 급박한 위험에 대비한 매뉴얼 마련 및 점검

> 시행령 제4조(안전보건관리체계의 구축 및 이행 조치) 법 제4조제1항제1호에 따른 조치의 구체적인 사항은 다음 각 호와 같다.
> 8. 사업 또는 사업장에 중대산업재해가 발생하거나 발생할 급박한 위험이 있을 경우를 대비하여 다음 각 목의 조치에 관한 매뉴얼을 마련하고, 해당 매뉴얼에 따라 조치하는지를 반기 1회 이상 점검할 것
>   가. 작업 중지, 근로자 대피, 위험 요인 제거 등 대응조치
>   나. 중대산업재해를 입은 사람에 대한 구호조치
>   다. 추가 피해방지를 위한 조치

1) 개요

시행령 제4조 제8호에 따르면 개인사업주 또는 경영책임자 등은 사업 또는 사업장에 중대산업재해가 발생하거나 발생할 급박한 위험이 있을 경우를 대비하여

① 작업 중지, 근로자 대피, 위험 요인 제거 등 대응 조치

② 중대산업재해를 입은 사람에 대한 구호 조치

③ 추가 피해방지를 위한 조치에 관한 매뉴얼을 마련하여야 한다. 그리고 매뉴얼에 따라 현장에서 잘 조치되고 있는지를 반기 1회 이상 점검하여야 한다.

(자) 도급 시 안전·보건 확보 위한 절차 마련 및 이행상황 점검 의무

> 시행령 제4조(안전보건관리체계의 구축 및 이행 조치) 법 제4조제1항제1호에 따른 조치의 구체적인 사항은 다음 각 호와 같다.
> 9. 제3자에게 업무의 도급, 용역, 위탁 등을 하는 경우에는 종사자의 안전·보건을 확보하기 위해 다음 각 목의 기준과 절차를 마련하고, 그 기준과 절차에 따라 도급, 용역, 위탁 등이 이루어지는지를 반기 1회 이상 점검할 것
>   가. 도급, 용역, 위탁 등을 받는 자의 산업재해 예방을 위한 조치 능력과 기술에 관한 평가기준·절차
>   나. 도급, 용역, 위탁 등을 받는 자의 안전·보건을 위한 관리비용에 관한 기준
>   다. 건설업 및 조선업의 경우 도급, 용역, 위탁 등을 받는 자의 안전·보건을 위한 공사기간 또는 선소기간에 관한 기준

1) 개요

시행령 제4조 제9호에 따르면 개인사업주 또는 경영책임자 등은 제3자에게 업무를 도급, 용역, 위탁 등을 하는 경우에는 종사자의 안전·보건을 확보하기 위해

① 도급, 용역, 위탁 등을 받는 자의 산업재해 예방을 위한 조치 능력과 기술에 관한 평가기준·절차

② 도급, 용역, 위탁 등을 받은 자의 안전·보건을 위한 관리비용에 관한 기준

③ 건설업 및 조선업의 경우 도급, 용역, 위탁 등을 받는 자의 안전·보건을 위한 공사기간 또는 건조 기간에 관한 기준과 절차를 마련해야 한다.

2) 도급, 용역, 위탁 등을 받는 자의 안전·보건 확보를 위한 기준과 절차

가) 산업재해 예방을 위한 조치 능력과 기술에 관한 평가기준 및 절차

나) 안전·보건을 위한 관리비용에 관한 기준

다) 안전보건을 위한 공사기간 또는 건조기간에 관한 기준

3) 안전보건 확보를 위한 기준과 절차에 따른 이행 여부 점검

(3) 재발 방지 대책의 수립 및 그 이행에 관한 조치

> 제4조(사업주와 경영책임자 등의 안전 및 보건 확보의무) ① 사업주 또는 경영책임자 등은 사업주나 법인 또는 기관이 실질적으로 지배 · 운영 · 관리하는 사업 또는 사업장에서 종사자의 안전 · 보건상 유해 또는 위험을 방지하기 위하여 그 사업 또는 사업장의 특성 및 규모 등을 고려하여 다음 각 호에 따른 조치를 하여야 한다.
> 2. 재해 발생 시 재발 방지 대책의 수립 및 그 이행에 관한 조치

가) 개요

중대재해처벌법 제4조 제1항 제2호는 사업주와 경영책임자 등의 안전보건 확보의무의 하나로 '재해 발생 시 재발 방지 대책의 수립 및 그 이행에 관한 조치'를

하도록 규정하고 있다. 이에 따라 개인사업주 또는 경영책임자 등은 사업 또는 사업장에서 재해 발생 시 사업 또는 사업장의 특성 및 규모 등을 고려하여 재발 방지 대책을 수립하고 이행될 수 있도록 하여야 한다.

나) 법 제4조 제1항 제2호 '재해'의 의미

법 제4조 제1항 제2호에서 명시하고 있는 '재해'와 관련하여 중대재해처벌법상 중대산업재해만을 의미하는지 아니면 경미한 산업재해도 모두 포함하는지 여부가 해석의 문제로 남아있다.

하인리히 법칙(1:29:300의 법칙)에는 어떤 대형사고가 발생하기 전에는 그와 관련된 수십 차례의 경미한 사고와 수백 번의 징후들이 반드시 나타난다는 통계적 법칙이 있다. 큰 재해는 항상 사소한 것들을 방치할 때 발생하므로 문제나 오류를 초기에 신속히 발견해 대처해야 할 것이다.

다) 법 제4조 제1항 제2호 재해가 발생한 '시기'

법 제4조 제1항 제2호는 '재해 발생 시 재발 방지 대책의 수립 및 그 이행에 관한 조치'만을 규정하고 있을 뿐 '재해 발생 시기'를 제한하는 별도의 규정이 없으므로 재발 방지 대책을 수립하여야 하는 재해에 법 시행일인 2022. 1. 27. 이전에 발생한 재해도 포함되는지 여부가 문제로 제기될 수 있다.

리) 재발 방지 대책의 수립 및 그 이행에 관한 조치

(4) 중앙행정기관 등이 개선, 시정 등을 명한 사항의 이행에 관한 조치

> 제4조(사업주와 경영책임자 등의 안전 및 보건 확보의무) ① 사업주 또는 경영책임자 등은 사업주나 법인 또는 기관이 실질적으로 지배·운영·관리하는 사업 또는 사업장에서 종사자의 안전·보건상 유해 또는 위험을 방지하기 위하여 그 사업 또는 사업장의 특성 및 규모 등을 고려하여 다음 각 호에 따른 조치를 하여야 한다.
> 3. 중앙행정기관·지방자치단체가 관계 법령에 따라 개선, 시정 등을 명한 사항의 이행에 관한 조치

가) 개요

중대재해처벌법 제4조 제1항 제3호는 개인사업주와 경영책임자 등의 안전보건 확보의무의 하나로 '중앙행정기관·지방자치단체가 관계 법령에 따라 개선, 시정 등을 명한 사항의 이행에 관한 조치'를 하도록 규정하고 있다. 이에 따라 중앙행정기관·지방자치단체가 종사자의 안전보건상의 유해 또는 위험을 방지하기 위해 관계 법령상의 개선 또는 시정을 명하였다면 이를 이행하여야 하고 이행하지 않을 경우 해당 법령에 따른 처분과는 별개로 개선·시행명령의 미이행으로 인해 중대산업재해가 발생하였다면 법 제6조에 따른 처벌대상이 된다.

나) 중앙행정기관 등의 개선·시정명령

(5) 안전·보건 관계 법령에 따른 의무이행에 필요한 관리상의 조치

> 제4조(사업주와 경영책임자 등의 안전 및 보건 확보의무) ① 사업주 또는 경영책임자 등은 사업주나 법인 또는 기관이 실질적으로 지배·운영·리하는 사업 또는 사업장에서 종사자의 안전·보건상 유해 또는 위험을 방지하기 위하여 그 사업 또는 사업장의 특성 및 규모 등을 고려하여 다음 각 호에 따른 조치를 하여야 한다.
> 4. 안전·보건 관계 법령에 따른 의무이행에 필요한 관리상의 조치
> ② 제1항제1호·제4호의 조치에 관한 구체적인 사항은 대통령령으로 정한다.
>
> 시행령 제5조(안전·보건 관계 법령에 따른 의무이행에 필요한 관리상의 조치)
> ① 법 제4조 제1항제4호에서 "안전·보건 관계 법령"이란 해당 사업 또는 사업장에 적용되는 것으로서 종사자의 안전·보건을 확보하는 데 관련되는 법령을 말한다.

② 법 제4조제1항제4호에 따른 조치에 관한 구체적인 사항은 다음 각 호와 같다.
1. 안전·보건 관계 법령에 따른 의무를 이행했는지를 반기 1회 이상 점검(해당 안전 · 보건 관계 법령에 따라 중앙행정기관의 장이 지정한 기관 등에 위탁하여 점검하는 경우를 포함한다. 이하 이 호에서 같다)하고, 직접 점검하지 않은 경우에는 점검이 끝난 후 지체 없이 점검 결과를 보고받을 것
2. 제1호에 따른 점검 또는 보고 결과 안전 · 보건 관계 법령에 따른 의무가 이행되지 않은 사실이 확인되는 경우에는 인력을 배치하거나 예산을 추가로 편성 · 집행하도록 하는 등 해당 의무 이행에 필요한 조치를 할 것
3. 안전·보건 관계 법령에 따라 의무적으로 실시해야 하는 유해·위험한 작업에 관한 안전·보건에 관한 교육이 실시되었는지를 반기 1회 이상 점검하고, 직접 점검하지 않은 경우에는 점검이 끝난 후 지체 없이 점검 결과를 보고받을 것
4. 제3호에 따른 점검 또는 보고 결과 실시되지 않은 교육에 대해서는 지체 없이 그 이행의 지시, 예산의 확보 등 교육 실시에 필요한 조치를 할 것

가) 개요

중대재해처벌법 제4조 제1항 제4호는 사업주 또는 경영책임자 등에게 '안전·보건 관계 법령에 따른 의무이행에 필요한 관리상의 조치' 의무를 부과하고 있고 같은 조 제2항에서 "제4호의 조치에 관한 구체적인 사항은 대통령령으로 정한다."고 규정하고 있다. 해당 법령상 의무 미이행에 대한 처분이 이루어지는 것과 별개로 시행령에서 정한 구체적인 관리상 조치가 제대로 이루어졌는지를 살펴 중대재해처벌법령상 의무를 이행하였는지를 판단하게 된다.

나) 안전·보건 '관계 법령'의 의미

다) 의무이행에 필요한 '관리상의 조치'

중대재해처벌법 제4조 제1항 제4호는 안전·보건 관계 법령에 따른 의무 이행에 필요한 '관리상의 조치'를 규정하고 있다.

(라) 안전·보건 관계 법령에 따른 의무이행 여부에 대한 점검 및 필요한 조치

시행령 제5조(안전·보건 관계 법령에 따른 의무이행에 필요한 관리상의 조치)
② 법 제4조제1항제4호에 따른 조치에 관한 구체적인 사항은 다음 각 호와 같다.
1. 안전·보건 관계 법령에 따른 의무를 이행했는지를 반기 1회 이상 점검(해당 안전·보건 관계 법령에 따라 중앙행정기관의 장이 지정한 기관 등에 위탁하여 점검하는 경우를 포함한다. 이하 이 호에서 같다)하고, 직접 점검하지 않은 경우에는 점검이 끝난 후 지체 없이 점검 결과를 보고받을 것
2. 제1호에 따른 점검 또는 보고 결과 안전·보건 관계 법령에 따른 의무가 이행되지 않은 사실이 확인되는 경우에는 인력을 배치하거나 예산을 추가로 편성·집행하도록 하는 등 해당 의무 이행에 필요한 조치를 할 것

1) 반기 1회 이상 점검 또는 결과를 보고 받을 것

2) 확인 등 피드백에 상응하는 조치를 할 것

3) 안전·보건 관계 법령에 따른 의무이행 여부에 대한 점검

4) 인력 배치 및 예산 추가 편성·집행 등 의무이행에 필요한 조치를 할 것

(마) 안전·보건 관계 법령에 따라 의무적으로 실시해야 하는 유해·위험한 작업에 관한 안전보건에 관한 교육

시행령 제5조(안전·보건 관계 법령에 따른 의무이행에 필요한 관리상의 조치)
② 법 제4조제1항제4호에 따른 조치에 관한 구체적인 사항은 다음 각 호와 같다.
3. 안전·보건 관계 법령에 따라 의무적으로 실시해야 하는 유해·위험한 작업에 관한 안전·보건에 관한 교육이 실시되었는지를 반기 1회 이상 점검하고, 직접 점검하지 않은 경우에는 점검이 끝난 후 지체 없이 점검 결과를 보고받을 것
4. 제3호에 따른 점검 또는 보고 결과 실시되지 않은 교육에 대해서는 지체 없이 그 이행의 지시, 예산의 확보 등 교육 실시에 필요한 조치를 할 것

1) 의의

시행령 제5조 제2항 제3호는 '안전·보건 관계 법령에 따라 의무적으로 실시해야 하는 유해·위험한 작업에 관한 안전·보건에 관한 교육이 실시되었는지를 반기 1회 이상 점검하고, 직접 점검하지 않은 경우에는 점검이 끝난 후 지체 없이 점검 결과를 보고받을 것'을 규정하고 있고, 같은 항 제4호에서는 법령에 따라 의무적으로 실시하여야 하는 안전보건 교육의 실시를 실효적으로 확보하기 위하여 '제3호

에 따른 점검 또는 보고 결과 실시되지 않은 교육에 대해서는 지체 없이 그 이행의 지시, 예산의 확보 등 교육 실시에 필요한 조치를 할 것'을 규정하고 있다.

   2) 유해·위험 작업에 대한 안전보건 교육의 실시 여부를 반기 1회 이상 점검
   3) 미실시 교육에 대한 이행의 지시, 예산의 확보 등 교육 실시에 필요한 조치

(바) '안전·보건 관계 법령에 따른 의무 이행 여부' 판단 기준

앞에서 살펴본 바와 같이, 개인사업주 또는 경영책임자 등은 종사자의 안전및 보건 확보를 위해 안전·보건 관계 법령상 의무가 이행되도록 관리하여야 한다(법 제4조 제1항 제4호).

중대재해처벌법 제4조 제1항 제4호의 '안전·보건 관계 법령에 따른 의무이행에 필요한 관리상의 조치'도 '해당 사업 또는 사업장의 특성 및 규모 등'을 고려하여 '산업안전사고 예방에 합리적으로 필요한 정도의 안전조치 의무사항'을 경영책임자 등의 최종적인 책임 아래에 반기 1회 이상 점검하도록 하고, 그 점검 결과에 따라 의무가 제대로 이행되지 않은 경우 인력을 배치하거나 예산을 추가로 편성·집행하도록 하는 것이다.

V. 중대재해처벌법 쟁점

중대재해처벌법이 2022. 1. 27.부터 시행됨에 따라 사업주나 경영책임자 등이 실질적으로 지배·운영·관리하는 사업 또는 사업장에서 안전보건 확보의무를 이행하지 아니하여 중대산업재해가 발생하거나 생산·제조·판매·유통 중인 원료나 제조물의 설계, 제조, 관리상의 결함으로 중대시민재해가 발생한 경우 중대재해처벌법에 따라 처벌을 받게 된다.

중대재해처벌법은 사업 또는 사업장, 공중이용시설 및 공중교통수단을 운영하거나 인체에 해로운 원료나 제조물을 취급하면서 안전보건 확보의무를 위반하여 인명피해를 발생하게 한 사업주, 경영책임자, 공무원 및 법인의 처벌 등을 규정함으로써 중대재해를 예방하고 시민과 종사자의 생명과 신체를 보호함을 목적으로 하고 있어 중대재해의 감소에 기여할 것으로 기대된다.

그러나 시행 초기에는 중대재해처벌법상 규정된 개념의 의미, 사업주 또는 경영책임자의 인정 범위, 안전보건 확보의무의 구체적 내용, 실질적으로 지배·운영·관리하는 사업 또는 사업장의 의미, 인과관계 판단 기준 등이 정립되지 않은 상황에서, 일정한 기준을 제시해 줄 판례도 축적되지 않아 중대재해처벌법의 적용을 받거나 이를 적용해야 하는 입장에서 혼란이 발생할 것으로 우려된다.

중대재해처벌법을 이해하기 위하여 기존 산업안전보건법위반죄 사건이나 업무상과실치사상죄 사건의 구성요건 개념, 법리, 주의의무 등에 대한 기본적인 이해를 바탕으로 중대재해처벌법의 입법 취지와 특수성을 반영하여 접근하여야 할 것이다.

가. 중대재해처벌법 적용 쟁점

중대재해처벌법위반죄, 산업안전보건법위반죄, 업무상과실치사상죄는 그 수범자, 의무 범위, 보호대상 등에서 차이가 있으나 기본적으로 사업주 등이 근로자 등의 안전 및 보건상 유해 또는 위험을 방지하기 위한 조치를 취하지 아니한 점에 있어서 유사점이 있으므로 과거 발생하였던 중대재해 사건을 분석하여 중대재해처벌법을 적용해 봄으로써 중대재해처벌법상 예상되는 다양한 쟁점들에 대한 해결방안을 모색할 수 있을 것이다. 중대재해처벌법 적용에 있어 문제될 수 있는 주요 쟁점은 아래와 같다.

[중대재해처벌법 적용 주요 쟁점]
1. 중대재해처벌법상 중대재해 결과의 발생 확인
2. 경영책임자 등 의무 주체 확정
3. 경영책임자 등의 안전보건 확보의무 특정 및 의무위반 여부 확인
   (3.1.) 법인 또는 기관이 실질적으로 지배·운영·관리하는 사업 또는 사업장
   (3.2.) 해당 사업 또는 사업장의 특성 및 규모 등을 고려
4. 안전보건 확보의무 위반과 중대재해 결과 사이의 인과관계 입증
5. 안전보건 확보의무 위반에 대한 고의 및 결과에 대한 예견가능성 입증

첫째, 이 법의 보호대상인 종사자(시민)에게 법 제2조 제2호(중대산업재해), 제3호(중대시민재해)에서 규정된 중대재해에 해당하는 결과가 야기되었는지를 판단하는 것에서부터 출발한다. 중대재해처벌법은 중대재해의 발생을 전제로 적용되는 법이고 안전보건 확보의무 위반 자체에 대해서는 별도로 처벌을 예정하고 있시 않기 때문이다.

둘째, 의무 주체에 있어 산업안전보건법위반죄나 업무상과실치사상죄에서 주

로 행위자로 인정되던 현장의 안전실무자가 아닌 사업을 대표하고 사업을 총괄하는 권한과 책임이 있는 경영책임자 등에게 의무를 부여하고 있다는 점을 유의해야 한다. 개별 사건에서 해당 사업 또는 사업장에서 안전보건에 관한 인력·예산·조직 등 경영적 차원의 권한과 책임이 누구에게 있는지 여부를 결정하는 것이 핵심이고 이를 통해 입건 대상자를 확정할 수 있을 것이다.

셋째, 의무 내용에 현장의 구체적이고 직접적인 '안전보건 조치의무'가 아닌 안전보건관리체계 구축 등 중대재해처벌법 제4조, 제9조에서 새롭게 규정한 '안전보건 확보의무'를 부여한다는 점에 특징이 있다. 한편 '안전보건 확보의무 위반 여부'를 판단할 때에는 그 판단 요소로서
① 법인 또는 기관이 실질적으로 지배·운영·관리하는 사업 또는 사업장일 것과
② 해당 사업 또는 사업장의 특성 및 규모 등을 고려하여, 법 제4조 각 호의 규정 중 어떤 안전보건 확보의무를 위반한 것인지를 명확히 특정해야 할 것이다.

넷째, 위와 같이 특정된 안전보건 확보의무 위반과 중대재해 결과 사이에 인과관계를 입증하여야 한다. 중대재해처벌법을 적용하여 유죄를 입증하기 위해 가장 결정적인 구성요건 요소라고 할 수 있다. 앞에서 설명한 바와 같이 중대재해처벌법 사건의 대부분은 사고 현장에 있는 안전실무 행위자의 안전보건 조치의무 위반 또는 업무상 과실이 개입되어 있을 가능성이 크기 때문에 경영책임자의 안전보건 확보의무 위반이 사업장 단위에서 안전보건 조치의무 위반이나 업무상 과실을 유발한 원인이 되고, 순차적으로 중대재해라는 결과가 발생하게 되었다는 2단계의 인과관계 입증이 필요하다.

다섯째, 중대재해처벌법상 기본의무 사항인 '안전보건 확보의무 위반'에 대한 고의와 중대재해 결과에 대한 예견가능성이 인정되어야 한다. 중대재해처벌법이

경영책임자에게 적극적으로 작위 의무를 부과하고 있다는 점에서 고의가 부정되는 경우는 제한적일 것으로 예상되나 실무적으로는 경영책임자에 해당하는 사람이 복수인 경우 각 사람의 개별적인 고의 유무에 대한 입증자료 확보도 중요할 것이다.

나. 일하는 사람의 생명과 건강 보호는 경영책임자의 기본적인 의무이다

산업재해는 개인의 노력과 의지만으로 예방할 수 없다. '사람은 실수하고 기계는 고장 난다' 는 사실을 인정하고 안전보건 관리시스템을 구축해야 한다. 중대재해처벌법은 기업이 획기적인 안전보건관리시스템 구축을 통해 안전조치 및 보건조치를 강화하여 종사자의 중대산업재해를 예방하도록 하는 것이 궁극적인 목적이다.

[참고문헌]
1. 출처 : 국토안전관리원 대국민 안전사고 인식 조사,
   https://www.epeople.go.kr/idea/seocheon/1AE-2203-0000708/detail.npaid#]
2. 출처 : 서울시청(www.seoul.go.kr)
3. 출처 : 시설물통합정보시스템(www.fms.or.kr)
4. 대법원 판례
5. 출처 : 안전보건공단, KOSHA-MS, ISO45001
6. 출처 : 고용노동부 중대재해처벌법 해설
7. 출처 : 국토교통부 중대재해처벌법_해설_중대시민재해(시설물_공중교통수단)
8. 출처 : 중대재해처벌법 토론자료
9. 출처 : 구글 인터넷

지 대 형(地 大 炯)

<주요 학력>
숭실대학교 안전보건융합대학원 석사 재학

<소속>
안전보건진흥원, 세이프티퍼스트닷뉴스

<주요 경력>
DL건설 외 건설현장 안전관리자
안전보건진흥원 산업안전강사
세이프티퍼스트 닷뉴스 안전 전문기자

<강의 이력>
삼성전자 DS환경안전아카데미 안전담당자 교육 강사
포스코건설 직무안전교육 안전강사 [관리감독자, 안전관리자 법정교육]
LG전자, 한국토지주택공사, 동국제강 외 다수 위험성 평가, 중대재해처벌법 교육 등

<수상>
고용노동부 안산지청장 표창

중대재해처벌법

Chapter 8

중대재해

지 대 형

Ⅰ. 밑바닥 건설안전 이야기
Ⅱ. 안전관리자의 눈으로 바라보는 중대재해처벌법
Ⅲ. 대한민국 No.1호 안전 전문기자의 눈으로 바라보는 중대재해처벌법
Ⅳ. 안전전문 강사의 눈으로 바라보는 중대재해처벌법

Ⅰ. 밑바닥 건설안전 이야기

건설안전 업종에서 가장 낮은 직종은 무엇일까? 물론 직업에 귀천은 없다고 하지만, 현실은 그러하지 않은 것이 사실. 아마 건설안전이라는 업종을 충분히 이해하고 있는 분들이라고 하면 건설안전 업종에서 가장 접근하기 쉽고 만만한 직종은 '안전감시단', '안전보조원'이라고 말할 것이다. '안전감시단'이란 안전관리자의 눈과 귀가 되어 주는 존재로, 많은 행정업무(서류 업무)로 인하여 현장을 자주 나가지 못하는 안전관리자들의 눈과 귀가 되어 주는 존재들이고, '안전보조원'이란 안전관리자의 많은 행정업무 들을 도와주는 도우미를 칭한다.

<안전감시단과 안전보조원의 설명>

(세이프티퍼스트 닷뉴스, 출처:지대형 교안)

나는 이 중 '안전감시단' 출신의 안전관리자이다. 혹자는 이러한 내 경력에 관하여 "안전감시단 출신인 것이 장점은 아니니까 숨기세요." 혹은 "안전감시단 출신인 걸 굳이 얘기할 필요가 뭐 있겠냐? 스스로의 가치를 깎아 먹는 것이니 감추는 것이 나을 것이다."라고들 조언해 주었다. 나 역시 안전관리자 업무를 하며 '안전감시단'을 현장에서 관리해 보았지만 어째서 이 안전감시단 업무의 경력을 무시당할 수 있는 '지저분한 직업'으로 불리어야 하는지를 이해하기 어려웠다. 하지만 진심으로 나를 걱정해 주고 생각해 주는 이들의 의견이기에 받아들였다. 감시단 출신인 걸 철저히 감추었다. 그 소중한 이들의 조언 덕분일까? 나는 비교적 빠른 속도로 '건설 안전관리자'로서 자리를 잡아가기 시작하였고, 지금은 이렇게 안전보건교육 강사이자 안전 전문기자로써 다방면에서 활동할 수 있게 되었다. 존경하는 교수님 중 한 분이 먼 과거에 나에게 말하길 "운이 좋아야 출세한다. 너는 운이 좋은 편이야."라는 얘길 해주었던 적이 있다. 허황된 꿈을 꾸는 편이 아닌 성격인지라 단 한 번도 '점'이라는 것을 보지 않았던 나로서는 나쁘지 않은 그러한 말들이 듣기 좋았다. 시간이 흘러 지금 생각해 보니, 그렇다 난 '운수도 억세게 좋은 사람'인 거 같기도 하다. 그 이유 중 하나를 차분히 설명하고자 한다.

나는 건설현장의 안전감시단으로 안전 업무를 시작하였다. 가장 밑바닥에서부터 봐온 경험 덕택에 현장 안전관리자 선배들에게 비교적 빠른 시일 내로 능력을 인정받았고 후임 안전관리자와 함께 할 때에도 안전감시단의 경력을 적절히 활용하여 비교적 많은 내용들을 후배들에게 상세하게 전달해 줄 수 있었다. 중대재해처벌법과 산업안전보건법의 전면 개정 등으로 인해 부쩍 많아진 서류업무로 인하여 현장을 잘나가보지 못하는 현 안전관리자의 사정을 고려해 본다면 근무시간 8시간 중 7시간은 현장을 돌봐야 하는 안전감시단의 경력이 내게는 엄청난 장점으로 작용하였다. 그래서 어느 정도 눈치를 보지 않아도 되는 위치에 오른 뒤부터는 내 스스로 '안전감시단 출신'임을 감추지 않고 있으며, 그 덕에 주위에 '안전감시단 출신'이 나뿐만 아니라 의외로 많이 존재한다는 사실도 알게 되었다.

사람은 경험을 통해서 많은 것을 깨닫는다. "겪어봐야 안다."라는 말들도 그러한 것을 뜻하는 내용인 것이다. 그래서 내가 가장 낮은 위치에서부터 시작하였던 나의 이야기를 짧게나마 들려주어 안전감시단 혹은 안전시설반장, 현장계약직 안전관리자 혹은 안전보조원 모두에게라도 지금 당신의 경험이 결코 '헛된 일'이 아니란 걸 알려주고 싶다.

1. 현장 안전감시단으로써 제일 처음 지시받은 일, 현장사진 30장

내가 맨 처음 안전기사 자격증을 취득하였음에도 불구하고 감시단 업무를 먼저 시작하게 된 계기는 보안업체(ADT캡스)에서의 경력으로 안전기사 자격증을 취득하였으나, 건설현장을 아무것도 모르는 상태에서 안전관리자의 업무를 시작하는 것은 심적으로 큰 부담이 되어 짧게나마 부담감이 적은 감시단의 업무를 체험한 뒤 현장 안전관리자의 업무를 시작해 보자는 생각에서였다.

그렇게 시작한 안전감시단의 업무에서 생초보 였던 나에게 안전관리자가 제일 처음 부여해 준 임무는 현장 사진이었다.

"현장 사진 30장을 찍어온 뒤 그것을 왜 찍었는지 설명해 주세요. 만약 뭘 찍어야 할지 모를 경우 현장에서 궁금한 장비나 내용들 찍어서 제게 물어보셔도 돼요."

당시에는 관리자가 핸드폰 카메라로 현장 사진을 찍는 것이 아니라 디지털카메라를 활용하여 현장 사진을 찍고 매일 PC 컴퓨터에 옮겨 저장하는 시스템을 사용하던 시대이다. 카카오톡이란 것도 없었기에 실시간으로 무언가를 묻고 답한다는 것에 한계가 존재하던 시대였기에 모르는 것을 감시단 대원이 안전관리자에게 질문하기가 굉장히 어려웠던 시기였다. 지금 생각해 보면 이때부터 운이 좋았다. 이렇게까지 안전감시단에게 신경을 많이 써주고 시간을 투자해 주는 안전관리자가 흔하지 않기 때문이다. 업무를 하달 받았기에 처음에는 궁금한 것들 위주로 현장 사진들을 찍은 뒤 질문을 통하여 해당 장비와 현상들에 관한 설명을 들을 수 있었고 나중에는 30장이 아니라 100장 가까이 지적 사진을 찍으러 다니는 내 모습을 볼 수 있었다. 이것이 훗날 현장점검 시 무엇을 먼저 봐야 하는지를 알 수 있게 하였고, 사진 한 장을 보더라도 허투루 보는 것이 아닌 그 안에 숨은 위험 요인들을 찾아 볼 수 있는 능력을 키우게 되었다.

2. 현장 노동자들과의 소통

안전감시단은 근무시간이 8시간이라고 가정하면 7시간은 현장 필드에서 시간을 보내는 직종이다. 그렇다 보니 대 다수의 업무를 서 있거나 걸어 다니며 보내게 된다. 내가 한창 안전감시단 업무를 할 때 한 달 30일 중 20일 이상을 5만 보 이상 걸어 다녔으니 어느 정도 걸어 다닌 것 인지 상상이 되는가? 보면 단순히 운만 좋았다기보단 무식하게 일을 해왔던 것 같다. 긴 시간을 현장에 있다 보면 자연스레 건설업 노동자들과도 가까워질 수밖에 없다. 그들 눈에는 안전감시단이 눈엣가시 같은 존재겠지만, 계속 눈을 마주하다 보면 정이 드는 것이 당연한 것 아니겠는가? 대개의 건설현장에서는 오전 9시 30분~10시 30분 사이, 오후 2시 30분~3시 30분 사이 간식을 먹으며 쉬는 시간을 가지는데 그때마다 근로자들은 주변에 있는 감시단 대원들을 불러 함께 간식을 나눠먹곤 하였다.

거기서 나는 자연스레 여러 현장 상황과 노동자의 안전에 관한 불만 등을 들을 수가 있었다. 안전관리자에겐 말하기 좀 불편한 내용들을 상대적으로 편하게 느껴지는 안전감시단에게는 허심탄회하게 털어놓은 것이 아닌가 싶다. 비록 나중에는 참 시간에 노동자들과 어울려 얘기하는 것들이 여러 가지 이유로 '금지' 되었다. 많은 시간을 듣진 못하였지만, 이 당시 들었던 많은 노동자들의 이야기가 후에 안전관리자 업무를 보는 내게 피가 되고 살이 되었다. 참 시간에 함께 얘기할 수 있는 기회를 잃었다 하더라도 현장 일을 하면서도 짬짬이 여러 공종에 종사하는 노동자들의 이야기를 들을 기회가 많았다. 혼자서 고된 육체노동을 많이 하여야 하는 건설현장 노동자들은 의외로 많은 외로움을 느끼는 편이다. 그러한 이들에게 조금만 관심을 가지고 먼저 다가간다면 그들은 생각보다 많은 얘기를 전해 준다. 특히 본인들이 종사하고 있는 공종의 기술적인 부분 등을 아낌없이 상세하게 설명해 주는 편이다. 현 중대재해처벌법에서 강조하는 내용 중 하나가 "종사자의 의견을 청취하라."라는 내용이니 여기서 그들의 이야기를 듣고 해답을 찾아보는 것도 중대재해를 예방하는 좋은 방법이 될 것이다. 난 안전관리자 업무를 시작하기 전 이렇게 안전감시단 업무를 통하여 현장의 목소리를 비교적 많이 들을 수 있었다.

3. 현장을 바라보는 시선

안전관리자는 현장을 넓게 볼 줄 알아야 한다. 건설현장에는 사각지대라는 것이 존재할 때가 있는데 그것을 보완해 주는 존재가 안전관리자의 눈과 귀가 되어주는 안전감시단들인 것이다. 안전관리자 업무만을 했다면 몰랐을 안전의 사각지대를 안전감시단을 한 덕에 많이 볼 수 있었다. 그래서 안전관리자가 되었을 때도 현장을 넓게 보고 있더라도 저 사각지대에서 어떠한 위험 요인들이 존재하고 있는지를 대략 짐작할 수가 있었고, 적절한 지시 혹은 대처를 할 수 있었던 것이다. 또 가장 밑바닥에서 차근차근히 단계를 밟아 올 수 있었기에 비교적 빠른 속도로 다른 이들에 비해 선배 안전관리자들에게 인정받을 수 있었다.

직업엔 귀천이 없다고 한다. 하지만 '지저분한 직업', '꺼리는 직업'이 사람들 사이에서는 존재한다. 나는 분명 말하고 싶다. 배울 것 하나 없는 '시간 낭비'라 일컫는 경험은 절대로 존재하지 않는다고. 아무리 보잘것없는 업무라 하더라도 그 안에서 느끼고 경험할 수 있는 소중한 것들이 존재하기 마련이고 그것은 그 업무를 하고 있는 이의 마음가짐이 제일 중요하다고 말이다. 난 안전감시단의 업무를 통하여 위 세 가지뿐만 아니라 시공 파트와의 소통 방법과 관계수급인들을 리딩하는 방법 등 리더로서 필요한 점들도 느낄 수가 있었다. 물론 그렇다고 하여 모든 안전인을 꿈꾸는 이들에게 안전감시단이란 직종을 추천하는 것은 아니다. 단 비난 받을 직종도 아니고 창피해할 감추어야 하는 일은 아니란 것을 말하고 싶은 것이다. 그 안에서도 안전관리자로서 활용할 수 있는 경험들이 굉장히 많다는 것이다. 그러한 경험을 비추어 현장계약직 안전관리자로서 현장업무를 계속 이어간 지금은 대한민국 1호 안전 전문기자로서, 산업안전 전문강사로서 활동할 수 있게 되었다. 이러한 생각으로 작성하기 시작한 세이프티퍼스트닷뉴스(safety1st.news)에서의 밑바닥 건설안전 이야기 내용이 많은 건설안전인들에게 큰 공감을 받았고, 그 힘을 바탕으로 정식 기자로 인정받게 되었다.

나의 강의 중 '안전리더십'의 커리큘럼에서는 이러한 내용이 있다.
"리더로서 가끔씩은 따라오는 구성원들을 살피기 위하여 뒤를 돌아보는 것도 필요하지만, 구성원들 뒤에 서서 따라가보는 것도 필요합니다. 앞에서 돌아보는 모습에선 보이지 않았던 숨은 모습들이 그들의 등 뒤에서 바라보는 모습 속에서 보일 수 있기 때문이죠."

중대재해처벌법은 분명 기업의 처벌만은 뜻하고 있는 것이 아닌 기업의 자율적인 안전보건관리체계의 구축과 안전문화 실현을 의미하고 있다.

아픔을 겪고 있는 연인이나 친구, 가족에게 위로의 차원으로 어떠한 말을 하였다가, "같잖은 위로 같은 것, 동정 따위 하지 마. 듣기 싫으니까."라는 말을 들은 적이 있지 않은가? 혹은 로맨스 드라마나 영화, 소설에서 종종 나오는 대사이기도 한말, "겪어보지 않았다면, 그 아픔을 제대로 알지도 못하면서 아는 척 위로하지 마."라는 말로 해석할 수가 있다. 건설노동자들의 의견을 청취하고 그들과 소통하고 싶다면 그들의 어려움을 직접 겪어봐야 조금이나마 공감할 수 있고 소통할 수 있는 것 아닐까? 그렇다고 '전문직' 성격이 강한 건설 노동을 관리자들 모두가 직접 몸으로 체험해가며 배울 수 없는 노릇이니 안전감시단을 통하여 조금이나마 그 내용들을 알 수가 있다면 안전관리자로서 결코 해가 되는 일만은 아닐 것이라는 생각이다.

안전감시단들의 도움이 없다면 그들을 통하여 즉, 제3자를 통하여 간접적으로나마 건설노동자들의 어려움을 전달받지 못하였을 것이고 그런 경우 전혀 현장을 모르는 채로 중대재해처벌법에 대응하여야 했을 텐데 말이다.

대학 공부를 시작하던 20대 초반부터 나의 꿈은 교수, 강사였기에 현재 꿈을 이뤘다 할 수 있지만, 아직 교수가 되지 못한 강사일 뿐이고 전문가라고 말하기엔 보잘것없는 자격들만을 갖추었다. 절반의 성공이라 일컫는 게 맞을 것이다. 어느 누구는 성공에 대한 기준을 '연봉', '사회적 지위' 등을 뜻하고 있으나 나는 성공에 대한 기준이 '나의 욕심과 기대를 충족한 상태'라고 생각하고 있기에 단순히 과거보다 돈을 많이 벌고 사회적 지위가 올라갔다는 이유만으로 만족하기에는 부족하다. 전혀 지금의 내 모습은 아직 만족스럽지 못하다는 것이다. 그래서 남들이 보기에 무리한다 싶을 정도로 가혹하게 스스로를 끊임없이 채찍질하고 있는 것인지도 모른다.

안전감시단, 안전관리자 업무를 하며 가장 행복했던 순간은 수많은 건설노동자들의 웃음을 볼 때였다. 세상에는 건설노동자들처럼 순박한 사람들도 없다고 생각한다. 인사를 나누며 웃고, 안전표창을 받아 행복해서 웃다가도 안전 지적을 받아 민망해 하는 그들의 웃음이 참 좋았던 것 같다. 그런 즐거움 덕택에 매일 아침 6시부터 저녁 9시까지 이어졌던 야간업무도 버틸 수 있었다. 주 52시간이 당연스럽게 정착된 지금은 생각지도 못하는 야간업무들이다. 내가 안전관리자 업무를 한창 배울 때만 하더라도 안전관리자의 하루란 "낮엔 현장에 나가 안전관리업무를 하고 서류업무는 밤에 하는 것이다."라고 배웠으니 말이다.

시대는 변했다. 어떠한 일에 대한 결과물은 마음먹기에 따라 달라질 수도 있다는 말이 있다. 밑바닥까지 경험해 보았던 내가 중대재해처벌법을 어찌 대응하였는가에 관하여 안전관리자와 기자, 강사로서 겪은 바 있는 그대로를 설명하고자 한다.

II 안전관리자의 눈으로 바라보는 중대재해처벌법

많은 이들이 중대재해처벌법이 안전관리자들에게 엄청난 압박을 주었을 것이라 생각한다. 이것은 마치 "너희들도 제대로 못하면 옥살이한다." 혹은 "회사에서 잘린다(인정 못 받는다)." 식으로 들렸기 때문이다. 하지만 이미 안전관리자는 중대재해처벌법 시행 전부터 중대재해 발생 시 산업안전보건법 혹은 형법 제266조(과실치상)와 동법 제267조(과실치사)에 의거하여 입건 처리가 되어 수사를 받아왔던 것은 물론이거니와 기업 내 인사고과에도 불이익을 받고 있었다. 즉 중대재해처벌법이 시행되었다고 하여 그것이 반드시 현장에 있는 안전관리자에게 새로운 위협으로 작용되진 않았다는 것을 뜻한다. 도리어 경력이 어느 정도 쌓인 안전관리자들은 이것을 또 다른 기회로 생각하고 있다.

실제로 2021년 1월 7일 '중대재해기업처벌법' 제정안이 국회 법제사법위원회 심사를 통과하며 2022년 1월 27일부로 '중대재해처벌법'이 적용된다고 발표한 직후부터 각 기업들 간의 '안전관리자 모시기'가 시작되었고, 그로부터 1년여 동안 안전관리자의 가치는 엄청 뛰어올라 그들의 몸값(인건비)는 물론이거니와 안전관리자와 관련된 자격증을 따기 위한 수험생들도 증가하였다.

그럼 현장에는 얼마나 도움이 될 것인가? 중대재해처벌법이 시행되었다고 하여 현장에서 '큰 변화'를 느낀다는 것은 '어불성설'이다. 중대재해처벌법 이전부터 묵묵히 현장 내에서 자신의 업무만을 행하여오던 안전관리자들이 얼마나 많은지 아는가?

대다수의 사람들에게 치과란 제일 무서운 의료기관 중 하나일 것이다. 사람들은 매일같이 하는 양치질이 귀찮지만 양치질을 하지 않을 경우 고약한 냄새가 풍기게 되어 상대방에게 피해를 줄 수도 있고 소중한 치아가 상하여 그 고통스러운 치과를 다니며 고비용의 치료비도 지불하여야 하니 치과를 다니며 받을 육체적 고통과 물질적 재산피해를 고려할 경우 미리 양치질을 잘해 불행한 결과를 예방하고자 하는 것이 아니겠는가?

현장 관리자들과 노동자들은 안전관리자의 지도와 조언대로 작업 진행 시 여러모로 귀찮아지고 손해가 생긴다 판단하여 안전수칙을 어긴 채 작업하기 일쑤다. 그러다가 심각한 재해라도 일어나게 될 경우 더욱 귀찮고 힘든 현실이 닥치게 되니 안전수칙을 잘 따르는 것이 정상적이겠으나 매일 하루 3회 하는 것을 알고 있음에도 아침 저녁 하루 2번만 양치질을 하는 것처럼 안전 역시 산업안전보건법 전면 개정 당시 "안전수칙을 잘 따르지 않으면 안전보건관리책임자(현장소장)와 관리감독자들에게 불명예스러운 빨간줄이 그어질 수 있습니다. 이제 정말 안전에 신경 쓰셔야 합니다."라고 설명해도 잘 따르지 않던 수많은 '안전보건관리책임자와 관리감독자'들이 "우리 기업의 CEO(최고 경영책임자)께서 처벌 받는다."라고 하여 안전수칙을 잘 따르겠는가?

진정 전체 재해 중 절대다수를 차지하고 있는 재해원인인 인간의 불안전한 행동을 단순히 현재의 '두리뭉실한 법'을 통하여 막을 수 있다고 생각하는 것인가? 에 관하여 자문한다면 안전관리자들은 지금('22년 6월)까지의 중대재해처벌법은 그렇지 않아도 많았던 서류업무들 중 새로운 무언가가 또 다시 추가된 수많은 업무 중 하나가 된 것뿐이라고 대답할 것이다. 물론 그렇다고 하여 이 법이 전혀 효과가 없었다고만은 볼 수 없다. 다만, 현재까지는 중대재해처벌법의 완성도가 부족하여 불완전한 법안이 되어 있다는 점과 일부 조항은 헌법에 위배되는 내용(명확성의 원칙, 형벌 비례성의 원칙)들이 일부 있어 조정이 좀 필요할지도 모른다는 의견들이 오가고 있다. 그래서 중대재해처벌법은 크게 다음 세 가지로 안전관리자들에게 큰 기대치를 심어주고 있다.

1. 본사 안전보건 전담조직의 예산 편성

이제 본사 차원에서도 별도의 안전보건관리비(집행될 예산)가 편성되어야 하는 만큼, 현장에서 조치 곤란하였던 여러 안들을 본사에 지원 요청할 수 있게 되었을지도 모른다. 예를 들어, 안전보조원(안전감시단)의 추가 인력배치나 안전보건교육 실시 비용 혹은 감성안전을 위해 투자하는 비용들을 본사에 지원 요청할 수 있지 않을까?

2. 안전관리자의 목소리를 높일 수가 있다.

그동안 '안전관리자의 투정'이라고만 생각했던 안건들을 각 경영책임자들이 귀를 열고 듣기 시작하였다는 것이다. 자칫 잘못하면 자신들에게 직접적인 피해가 올 수도 있기에 '방치'해 두거나 '묵살'하고 있었던 안전보건 분야의 목소리를 듣기 시작하였단 것이다. 또, 안전보건 업무를 전담하는 최고책임자가 선임되어 있을 경우 직원들의 인사고과 평가기준 척도에서 안전이 차지하는 비중이 높아질 것이기에, 흔히 이야기하는 "안전하지 못하면 살아남지 못한다."라는 것이 실현되는 것이 아닐까라는 기대를 하게 된다.

3. 안전보건이 어렵구나

안전보건 조직을 대충 서류만 보다 시간만 떼우고 가는 조직이라 생각하는 몇몇 분들이 안전보건 업무가 만만찮음을 알게 된 계기가 되었을 것이다. 특히 중대재해처벌법의 시행에 대비하여 그룹이나 본사 차원의 교육을 받은 이들이 그동안 안전관리자의 업무라고 생각했던 대다수의 업무가 본인들(관리감독자)의 업무였음을 깨닫게 되는 기회가 되었다. 또 안전보건 업무라는 것이 단순한 업무가 아닌 사람을 관리하여야 하는 힘든 업무임을 느끼게 되지 않았을까?

이는 현장에서 일하고 있는 안전관리자의 입장으로 바라본 것이고, 본사 안전보건 전담조직에서 근무하고 있는 안전관리자들에게 중대재해처벌법이란 정말

극악의 난이도를 형성하고 있는 무시무시한 과제이자 숙제라고도 할 수 있다. 그 과제의 내용은 다음과 같다.

① 안전보건 전담조직 구축

이것이 무슨 난제(難題)냐며 되물어 볼지도 모른다. 특히 우리가 흔히 일컫는 1군 건설사들과 대기업들은 대부분 본사 안전보건 조직을 별도로 구축하고 있었기 때문에 이미 구축되어 있는 조직이니 대수롭지 않게 여겼을지도 모른다. 이는 중대재해처벌법에서 의미하는 안전보건 전담조직의 속 내용을 모르기 때문에 할 수 있는 말이다. 중대재해처벌법에서 말하는 안전보건 조직은 '전담조직'을 뜻하고 있다. 즉, '안전보건 전담조직'이란 '안전보건'업무만 전담으로 하여야 한다는 것이다. 건설사 대다수의 안전보건 조직에서는 안전관리자 혹은 보건관리자들이 '환경' 업무나 '인사(노사)' 업무를 일부 병행하고 있다. 이는 "안전·보건 업무와 완전히 다른 업무다."라고 표현하기 애매모호한 업무내용들이 일부 있었기에 다들 자연스레 "안전보건팀에서 할 수 있는 업무이지."라고 생각하며 넘어갔던 문제들이었다. 하지만 이젠 '환경', '인사(노무)' 업무를 병행할 경우 그 사람은 '안전보건 전담조직'의 구성원이 될 수 없기에 만약 우리 본사 안전보건 전담조직 구성원들이 전부 '환경, 인사'관리를 병행하고 있다면 그 조직은 안전보건 전담조직으로 인정되지 않음을 반드시 인지하고 업무분장을 하여야 한다.

② 반기 1회 점검 후 조치

중대재해처벌법 제4조제1항에 보면 사업주 또는 경영책임자 등은 사업주나 법인 또는 기관이 실질적으로 지배 운영 관리하는 사업 또는 사업장에서 종사자의 안전 보건상 유해 또는 위험을 방지하기 위하여 그 사업 또는 사업장의 특성 및 규모 등을 고려하여 다음 각 호에 따른 조치를 하여야 한다, 라고 되어있는데 그 중 하나가 위에서 거론한 안전보건 전담조직이고 다른 하나는 중대재해처벌법 시행령 제4조에서 표현하고 있는 '반기별 1회 점검 후 조치'이다. 본사에서 근무 중인 안전관리자는 이제 반기(6개월)에 1회 이상은 전국 현장을 다니며 반드시 점검을 실시하여야 한다. 물론 그 내용을 외부기관에 위탁할 수도 있으나, 그 방법이 어떠하든 점검 실시 후에는 곧장 그 결과를 보고받은 후 정리해두어야 한다. 이 부분만 본다면 기존의 본사 안전보건 조직 중 안전진단 부서가 진행하고 있었던 업무와 큰 차이가 없다고 생각할 수 있으나, 중대재해처벌법에서는 이것으로 끝나는 것이 아닌 바로 '조치'라는 조항이 명시되어 있다는 점이다. 중대재해처벌법 이전에 실시하였던 본사 차원에서의 안전점검은 '현장평가' 성격을 많이 띠고 있다. 현장관리가 우수하여 별다른 지적사항이 없는 경우도 종종 존재하였는데 이럴 경우 당연히 '지적'이 없으니 '조치사항'도 필요가 없었다. 하지만 중대재해처벌법에서 거론하고 있는 현장점검은 반드시 '조치'를 하여야 한다고 명시되어 있기에 아무런 지적사항이 없어 별도의 조치사항도 없다고 결과 보고서를 작성하였다가 만약 해당 현장에서 중대재해가 발생될 경우 본사 내 안전보건 전담조직은 그 역할을 제대로 하지 못하였다는 오해를 불러일으킬 수가 있게 된 것이다. 결국 아무리 잘하는 현장이어도 본사 안전관리자는 현장점검 시 '특이사항 없음, 지적사항 없음'이라는 결과 보고서를 작성하기 부담스럽고 지적사항을 찾아내기 위해 살펴보다 보면 현장 안전관리자와의 마찰은 불가피할 수밖에 없는 상황이 연출될지도 모른다.

③ 적절한 업무분장

이번 중대재해처벌법으로 인해 본사에서 근무한다는 이유로 안전·보건관리자들은 막중한 책임감을 가지게 된다. 물론 이전에도 전반적인 안전보건업무를 기획하여야 하는 입장이었기에 크고 작은 책임감들이 따라다니긴 하였으나, 이제는 본사 안전보건 전담조직이 제대로 하지 못하면 기업자체가 흔들릴 수도 있기에 각 분야별 전문성을 가진 안전보건관리자를 적절하게 배치하여야 할 터인데, 이

것 역시 만만하지 않다.

　이러한 과제들로 인하여 본사에서 근무 중인 안전관리자들은 중대재해처벌법이 시행되고 나서부터 야간업무를 밥 먹듯이 하고 있다. 그러나 그들 역시 현장의 안전관리자와 동일하게 단순히 '중대재해처벌법이 제정되었으니 중대재해를 줄일 수 있다.'라는 논리에는 굉장히 회의적이다.
　다시 한번 언급하지만 대다수 재해의 원인은 사람의 불안전한 행동에서 기인한다. 안전관리자들 중 이 내용을 모르는 안전관리자는 없을 것이다. 즉 대다수의 산업재해는 사람의 행동에 기인하여 발생하기 때문에, 적절한 대책이라면 사람의 불안전한 행동을 억제 혹은 막는 것이 올바른 예방대책이라 할 수 있을 것이다. 그런데 그것을 단순히 '법제화' 하여 안전수칙을 준수하도록 강요한다는 것은 분명히 한계가 있을 것이다, 라는 것이 수많은 안전관리자들의 생각이다. 사실 나 역시 2020년 최초로 중대재해기업처벌법이라고 논의될 때까지만 하더라도 이 법을 굉장히 기다렸던 사람 중의 하나였다.
　"각 경영책임자들과 관리감독자들의 안전의식을 향상시킬 수 있는 좋은 기회다."라고 여겼기 때문이다. 그때는 내가 현직에 있을 때였기에 현 상황을 탈피하고 싶다는 작은 바램으로 기대하고 있었는지도 모르지만 나와 비슷한 처지였던 대다수 현직 안전관리자분들도 비슷하게 생각하지 않았을까 싶다. 하지만 막상 중대재해처벌법이 시행되고 나니 무엇 하나 명확하지 못한 법안으로 두리뭉실한, 마치 볼일 보러 화장실 갔다가 뒤를 닦지 않은 듯한 기분의 모양새가 되어버렸으니 이것은 마치 현장에서의 권리는 그대로인데 '책임만 지세요'라는 꼴이 되어버린 듯한 것이다. 여기서 책임이란 앞서 거론한 현장소장과 관리감독자 뿐만 아니라 안전관리자도 마찬가지다. 이 부분에 관하여 혹자들은 안전관리자가 무슨 책임이냐고 되물을 수도 있을 것이다. 분명 앞서 중대재해처벌법은 현장이 아닌 기업의 경영책임자를 처벌하는 법인데 무슨 현장의 안전관리자가 책임을 운운하냐고 할 수 있을지도 모른다. 하지만 다음을 살펴본다면 충분히 안전관리자에게도 책임이란 단어를 사용할 수 있음을 알 수가 있다.

④ 고용노동부의 감독 강화

중대재해처벌법 시행에 대응 차원으로 고용노동부는 관련 경력직(산업안전)을 대거 채용하여 산업안전보건 전문가들로 구성된 산업안전보건청을 구축하기 위해 적극적으로 노력 중이다. 이런 분위기 속에서 고용노동부는 2022년 감독의 강도를 높이고 있다. 이번 감독 결과를 토대로 많은 안전관리자들이 과거 '서류 위주의 감독'보다는 '현실적인 현장의 위험요소를 찾아내는 감독'이라고 평가할 정도로 현장을 잘 알고있는 이들이 감독을 하다 보니 사각지대가 드러나고 있다는 표현을 한다. 물론 이것은 긍정적인 반응이며 다른 방면으로 보자면 "이런 것까지 벌칙을 부과하면 현장에서는 어쩌라는 것이냐."라는 불멘 소리도 나오고 있다. 현장의 반응들이 어찌하든 간에 고용노동부의 현장감독 수준과 그 강도는 과거보다 확실히 강화된 건 사실이며, 이제 현장 안전보건관리자들도 형식적인 대응이 아닌 전문가로서 냉철하게 현장을 돌아보며 점검대응을 해야 하는 시대가 되었다. 단순히 서류만 완벽하게 짜 맞추어 놓았다고 점검을 잘 받는 시대가 아닌 현장관리를 자율적인 안전보건관리 시스템을 통하여 원활하게 돌아갈 수 있도록 관리하여야 한다. 즉 안전보건관리 시스템의 조언자 역할을 하여야 하는 안전관리자들의 책임감이 막중해졌다라고 할 수 있고 앞으로 능력 있는 안전관리자만이 고용노동부의 고난도 감독을 대처할 수 있을 것이다라고 감히 말 할 수 있다.

⑤ 파견법에 관한 오해

도급인의 안전관리자는 수급인 근로자들에게 작업에 관한 직접 지시를 명할 수 있는 부분이 한정되어 있다.(파견법에 의하여 도급인은 수급인 근로자에게 작업에 관한 직접 지시를 할 수가 없다.) 그럼에도 불구하고 수급인 근로자가 중대재해를 당할 경우 수급인뿐만 아니라 도급인 역시 수급인 근로자에 대한 안전보건 책임의무가 주어지기 때문에 도급인의 안전관리자 역시 그 책임으로부터 자유로워질 수가 없다. 이와 관련하여 "수급인 근로자들에게 도급인 관리자는 직접 지시를 금지한다 하고서는 처벌은 하겠다고 하니, 도급인 입장으로서도 난처할 따름이고 도급인의 안전관리자 역시 이를 어찌 조치하여야 할지 난감해 할 수밖에 없다."고 호소하는 현장들도 있다. 맞는 말인 듯 하지만 여기서 안전관리자로서 분명히 잘 알아야 할 부분은 이것이다.

파견법에서는 도급인이 수급인 근로자에게 작업에 의한 직접 지시만 금지되어 있을 뿐, 질서유지나, 산업재해 예방을 위해 실시하는 지시와 조치는 가능하다라는 사실을 인지해야 한다. 즉 안전관리자는 사업장 내 모든 근로자들이 산업재해 예방을 위해 최선을 다하여야 한다는 것이다. 그건 파견법 위반이 아닌 당연히 하여야 할 기본 업무이기 때문이다.

⑥ 지도 조언의 경우가 어디까지인 것인가

모 건설사 붕괴사고의 경우, 안전관리자가 적절한 지도 조언의 조치를 취하지 않았다고 하여 업무상 과실치사의 혐의로 수사를 받고 있다. 이 사고에서 왜 안전관리자에게 업무상 과실치사의 혐의가 주어졌는지 내용을 확인해 보면, 공사기간 단축을 위해 무리하게 공법(시공방법)을 변경하였는데 분명히 안전상 위험이 존재함에도 불구하고 안전관리자가 적절한 지도·조언 조치를 하지 않았다는 것이 주요 내용이었다. 나는 이 사건과 관련하여 과연 그가 현장에서 "이러한 무리한 공법 변경이 안전상 구조물의 붕괴 등의 사고를 일으킬 수 있다."라고 말하지 않았을까, 하는 궁금증이 발생하였다. 나도 그렇지만 대다수의 안전관리자는 계획 그대로 공사를 진행하길 희망한다. 하지만 여러 여건상 불가피하게 설계변경 혹은 계획을 수정하는 경우가 발생되는데 그것을 시공 파트와 안전 파트가 단박에 합의하는 경우는 흔하지 않다. 이러한 것을 토대로 이번 안건도 분명 공법변경 전에 어떠한 얘기가 오갔을 터. 그럼에도 불구하고 안전관리자가 '적절한' 지도·조언의 조치를 하지 않았다 주장하는데, 그럼 대체 '적절한' 지도 조언이란 어느 정도의 선을 의미하는 것일까? 현실적으로 안전관리자가 기술적인 부분의 설계서와 공법까지 관여하여 "이러이러한 공법은 이번 공사에 맞지 않으니 하면 안 됩니다."라고 말할 수 있는 위치도 아니거니와 관리감독자들은 안전관리자들과 기술적으로 깊이 있는 대화가 힘든 경우가 다반사다. 안전관리자들은 아무래도 기술적인 측면 즉 시공적인 측면에서는 지식이 빈약할 수밖에 없기 때문이다. 이러한 상황에서 적절한 지도 조언이란 코멘트가 상당히 부담스러울 수밖에 없다. 안전관리자들의 끊임없는 공부만이 답이 아닌가 싶다.

이러하듯 이제 현장 안전관리자들은 ① 관공서와 긴밀한 유대관계를 형성하며 대응할 수 있는 능력과 ② 전체적인 구성원들을 어루만져 주고 이끌어갈 수 있는 리더십, ③ 안전보건뿐만 아니라 기술적인 측면의 내용까지 파악하고 있어야 하는 엔지니어적인 모습까지 총 삼 박자를 고루 갖추고 있어야 중대재해를 지혜롭게 대처할 수 있게 된다.

시행 초기 "안전관리자가 핫(hot) 하다."라고 하여 다른 분야에서 안전관리자 관련 자격증을 취득한 후 취업전선에 달려드는 '중고 신입 안전관리자'들이 많이 나타나고 있다. 하지만 그들 중 다수가 1년을 채 버티지 못하고 이직을 하게 되는 경우가 발생하는데 그 이유들이 다 위와 같이 업무 과다로 심신이 지치거나 사람 간의 관계에서 스트레스를 받아 그만두게 되는 경우들이었다. 결코 만만찮은 업무 강도를 보이고 있는 것이 안전관리자 업무란 것이다.

안전관리자에게 중대재해처벌법은 안전에 관한 경영책임자와 국민들의 관심도가 높아지는 것은 환영하는 바이나, 정작 그 법을 직접 활용하면서 실행하여야 하는 안전관리자들은 점점 더 힘들어지고 있는 현실로 인해 안전관리자의 업무를 기피하는 현상이 계속 이어지고 있다. 현재 안전관리자에게 중대재해처벌법이란 무시하지도 못하고 그렇다 하여 환영할 수도 없는 그러한 존재가 되고 있다. 하지만 안전관리자들은 명심하여야 한다. 법이 어떠한들 '사고는 반드시 현장에서 일어나며, 우리는 사람(노동자)의 생명을 지켜야 하는 사람들'이라는 것이다. 중대재해처벌법에 대응하여 현장을 바라보기보다는 기존 산업안전보건법에서 중요시하는 '인명 존중' 사상을 기억하여 법이 아닌 현장을 바라볼 줄 아는 시선을 길러야 할 것이다.

과거 대형건설사에서는 일과시간에 안전관리자가 사무실에 있음을 못마땅하게 여기는 현장소장들이 많아, 대부분의 안전관리자들이 일과시간에는 현장을 살펴보고, 서류업무는 연장 근무시간에 보는 것을 당연하게 여기던 시절이 있었다. 그 당시의 안전관리자들은 비록 몸은 피로할지언정, 그러한 풍부한 현장경험 덕택에 사무실에 앉아 서류업무에 치중되어 있다 하더라도 관리감독자나 안전보조원을 통하여 현장을 안전하게 관리 할 수 있는 것이다. 물론 그 시절이 옳다는 뜻은 결코 아니다. 하지만 산업재해예방을 위해 안전관리자는 현장을 알아야 한다는 사실 또한 분명하다. 사고는 현장에서 일어나기 때문이다. 그러므로 안전관리자의 시선은 법적 서류도 중요하겠지만 반드시 작업자가 있는 현장에 머물러야 한다. 그 방법을 위한 지혜로움이 필요한 시기이다.

<안전관리자의 시선은 작업자가 있는 곳을 바라봐야 한다>

(출처 : 세이프티퍼스트닷뉴스)

III. 대한민국 No.1호 안전 전문기자의 눈으로 바라보는 중대재해처벌법

1. 기자들이 바라보는 중대재해처벌법

중대재해처벌법을 바라보는 기자들의 시선은 이러하다. 핫이슈(Hot issue). 또 다른 측면으로는 뜨거운 감자(Hot Potato). 중대재해처벌법의 내용은 기자들에게 2022년 초 까지만 하더라도 핫이슈의 성격이 강하였지만 2022년 중순이후부터는 잘못 다루었다가는 기업과 국민들에게 눈총을 받을 수 있는 매우 조심스러운 사안이 되었다. '국민의 알 권리'를 위해 기자는 중대재해처벌법에 관한 내용을 객관적인 시선으로 냉정히 바라보고, 있는 그대로의 내용을 전달하는 것이 반드시 필요한 법인데, 높은 조회 수를 위하여 좀 더 자극적이고 심층적인 내용을 담아 기사 안에 확인되지 않은 사실을 작성하거나('현장에 안전관리자가 없었다.') 기자 자신의 생각을 넣어 기사를 작성하는 경우가 종종 발생하였다. 중대재해처벌법 제정 초기인 2022년 1월부터 5월까지는 위 같은 자극적인 기사들이 관심을 받았으나, 어느 순간 그것마저 소재거리로서의 효능이 떨어지고 말았고, 현재 일반 언론사에서는 중대재해처벌법은 물론이거니와 산업재해, 중대재해와 같은 내용을 대형사고가 아닌 이상 중요히 다루지 않고 있다.

2. 긴장감을 내려놓은 모양새의 중대재해처벌법

이렇듯 최초 법이 거론되었을 때에는 '두렵다 못해 기업을 죽이는 악법'이란 말도 나왔고, 시행 초기 각 기업에서는 너도나도 '중대재해처벌법 1호'만 되지 말자며 생산활동에 소극적인 모습을 보일 때도 있었지만, 언론사의 관심사가 점점 떨어지고 있는 지금 각 산업현장은 중대재해처벌법 이전의 모습을 되찾아 가고 있다. 즉 지나친 긴장감은 조금 내려놓은 모양새를 갖추게 된 것이다. 지나친 언론의 관심과 긴장감은 산업현장의 정상적인 생산활동에 도움을 주기보다는 피해만 될 뿐이었기에 어쩌면 이 같은 현상은 좋은 현상이라 할 수도 있다.

일각에서는 중대재해처벌법의 모호성을 언급하고 동시에 다른 법들과의 비교 분석을 통하여 부족한 법의 완성도까지 지적하고 있다. 특히 이 법은 제정 시 각 계층 전문가들의 의견을 고루 듣지 못하였고, 현장 이해관계자들 간의 논의도 제대로 진행되지 않은 채 급하게 제정되어 '사망재해 감소'의 결과물을 만들지 못하고 있다며 실효성 있는 법안으로의 개정을 주장하고 있다. 중대재해처벌법은 [정부(고용노동부)의 입장과 사업주의 입장], [관리감독자의 입장과 안전관리자의 입장], 또 [사업주의 입장과 노동자의 입장] 등 서로 대치되는 입장 차가 많은 법안인 만큼 앞으로도 많은 논의가 진행되어야 실효성 있는 법이 제정될 것이란 전망이다. 그러나 여기서 반드시 짚고 넘어가야 될 사실은 법만 제대로 만든다고 사고가 줄어들진 않을 거란 점이다. 중대재해처벌법이 제정되기 전인 2020년 1월 이미 전면 개정되어 한층 처벌과 책임이 강화된 산업안전보건법이 있었음에도 또 그 법을 통하여 벌칙을 엄격하게 적용하여 처벌하였음에도 현장에서는 끊임없이 사망사고가 발생하였다. 이러한 사실은 단순히 처벌을 위한 법이 없었기 때문에 사망사고가 발생된 것은 아니란 점을 증명하고 있다. 만약 기자들이 국회와 정부 관계자에게 '왜 어째서 사망사고가 줄지 않는가요?'라고 질문할 경우 제대로 된 답변을 하고자 한다면, 각 관계자들은 현장안전관리자들이 말하는 다음과 같은 현장의 목소리에 귀를 기울여야 할 것이다.

"사고의 원인을 묻는다면 일단 중대재해, 산업재해를 마치 현장의 관리감독자와 안전관리자가 본 업무를 잘하지 못하여 발생하는 것 마냥 (언론사가)표현하는 듯한데, 그건 옳지 않은 판단이다. 사고는 시스템의 불안정 보다는 절대 다수의 사고가 사람의 불안전한 행동에 의해 현장에서 주로 발생이 되며, 현장에서의 그러한 불안전한 행동을 지도 관리 하여야 하는 관리감독자와 안전관리자가 정작 현장은 보지 못하고 서류업무에 집중하고 있는 현 실태가 가장 큰 문제이다."

중대재해처벌법이란 '사망사고가 발생하면 반드시 기업을 처벌하겠다'는 식의 법이 아니라, 자율적인 안전보건 조직을 구축하여 시스템을 활용해 산업재해 예방 활동을 하게끔 유도하겠다는 법의 취지를 잘 살려 좋은 완성된 법안이 개정되어 나왔으면 하는 바람이다.

Ⅳ. 안전전문 강사의 눈으로 바라보는 중대재해처벌법

1. 중대재해처벌법과 안전문화란

안전문화란 근로자와 관리자 모두가 함께한다는 것으로, 안전수칙, 규정이란 것을 단순히 법과 규정에 의한 제재가 아닌 하나의 문화로 자리 잡을 수 있도록 '해야 한다'가 아니라 '자연스럽게 하게 된다'로 인식하게끔 하는 것을 의미한다. 이것은 마치 과거 흡연자들은 대중교통 내에서나 실내에서 자연스럽게 흡연을 할 수 있었으나, 2022년 현재에는 대중교통이나 건물 내 흡연이 금지가 되어 흡연자들은 자연스레 대중교통과 건물 내에서 흡연하지 않고 외부로 나가 지정된 흡연구간으로 이동하여 흡연을 하는 것처럼 단순한 법, 규정을 뛰어넘어 자연스러운 행동 즉 문화로써의 정착을 의미하는 것이다. 이것이 중대재해처벌법의 대응방안 중 하나인 안전문화의 의미 즉 '당연히 지켜야 하는 안전수칙'을 의미한다. 즉, 사망재해를 막기 위해서는 무엇보다 근로자들의 안전의식의 변화가 중요하다는 것을 강조하고 있는 것이다. 뿐만 아니라 기업경영층과 관리감독자들의 안전의식 역시 '당연한 것'이라는 것이 인식될 수 있도록 선진화하는 것이 필요하다.

2. 중대재해처벌법의 목적

중대재해처벌법의 목적은 '중대재해 발생 시 기업을 처벌하겠다.'라는 것이 아니다. '중대재해를 예방하자'는 것으로 사람의 생명을 보호하자가 그 목적이다. 하지만 아직까지 중대재해처벌법은 굉장히 불완전한 형태와 구성을 띠고 있다 보니 일각에서는 "중대재해처벌법은 위헌의 소지가 다분하기에 법자체가 폐기되어야 하는 것 아니냐."라는 말들이 나오고 있다. 그렇다 한들 이미 시행되어 적용 중인 법령을 사용자 입장에서는 무시할 수 없는 입장이기에 법의 완성도와 구성이 어떠한들 사용자들은 제대로 알고 있어야 하는 상황이다. 때문에 강사는 중대재해처벌법 내용 중에서도 주요 핵심 포인트와 오해하지 말아야 할 사안들을 간추려 정리하여 알려주어야 한다. 단순하게는 기업에서 '벌금·과태료' 혹은 '경영책임자의 구속'을 막기 위한 대응 전략은 물론이거니와 '안전보건경영시스템의 구축과 산업재해 예방관리 방안'과 같은 전문적인 내용도 전달해주어야 한다. 그러하기 위해서는 먼저 바른 지식을 전달함이 매우 중요한 법인데 여기서 강사는 자신의 주관적인 생각보다는 객관적인 데이터를 근거로 확인된 정확한 지식만을 전달하여야 한다. 하지만 중대재해처벌법은 아직까지도 정확한 예시나 판례와 같은 객관적인 데이터가 존재하지 않아 객관적인 지식의 전달에는 한계가 존재하게 된다. 상황이 이러하다 보니 각 안전전문 강사들마다 중대재해처벌법을 해석하는 것에 조금씩 이견이 발생하고 되었고, 지자체별, 기업별, 로펌별, 근로자별, 중대재해처벌법의 해석을 '제각각' 자신에게 유리하게끔 하는 현상도 일부 발생하고 있다. 이것은 마치 '겨울'이라는 주제에 우리 어른들은 '얼음을 잘못 밟아 미끄럼에 의한 넘어짐 사고', '하늘에서 내리는 쓰레기(눈) 때문에 힘든 계절'이라고 생각할지 몰라도 아이들의 기준으로는 겨울이란 '눈사람 만들기', '크리스마스'라고 생각할 수 있는 것과 같은 어른과 아이 사이와의 입장 차이가 존재 하듯 중대재해처벌법을 바라보는 시각에 따라 그 입장 차가 존재하는 것과 같다.

3. 안전 전문 강사의 역할

강사는 어떠한 내용을 알기 쉽게 풀이해서 학습자들에게 전달하는 역할을 하는 사람들이다. 예컨대 야구라는 스포츠를 잘 모르는 브라질 사람들에게 무작정 "류현진이 얼마나 뛰어난 선수인지 아는가", "사이클링 히트가 얼마나 힘든 것 이고 퍼펙트게임이 얼마나 위대한 것인지 아는가"를 설명해 봐야 관심은커녕 지루한 내용의 이야기가 될 뿐이다. 그들에게 야구를 설명하기 위해서는 브라질 국민 스포츠인 축구와 비교하여 설명하는 것이 도움이 될 것이다. 이처럼 중대재해처벌법에 관하여 강의를 할 때에는 무작정 중대재해처벌법에 관한 얘기만을 하기보단 산업안전보건법 혹은 산업재해보상보험법을 함께 비교 혹은 덧붙여서 설명을 하는 것이 좋다. 현재 대다수의 기업들은 중대재해처벌법에 대하여 '미리대비하고 준비하기보단 결과물을 보고 움직이겠다.' 식의 행동을 취하고 있다. 즉, '사전 예방보다는 사업주가 처벌받는 것만은 막겠다.'라는 것을 의미한다. 그러하기에 강사는 더더욱 중대재해처벌법의 목적이 '처벌'이 아님을 그들에게 분명하게 전달할 필요성이 있다. 어려워하는 중대재해처벌법을 알기 쉽게 풀이하여 '처벌에 대비하기보다는 안전문화, 자율적으로 사업장의 안전을 확보할 수 있는 안전문화 구축이 더 중요하다'라고 알려줄 필요성이 있다.

사람은 몰랐던 새로운 사실을 접하게 되면 관심을 가지게 되고, 그것을 더 자세히 알기 위하여 인터넷 검색 등을 통하여 자발적으로 정보를 수집하게 되거나 배움을 통하여 학습을 하게 된다. 여기서 제대로 된 지식을 전달받지 못할 경우 어설픈 배움을 통한 앎으로 하여금 '착각'이라는 무서운 휴먼에러를 불러일으킬 수 있다. 이것은 마치 서너 살의 유아들이 숨바꼭질할 때 자신의 눈에 보이지 않으면 상대방도 자신이 보이지 않을 것이라 생각하는 '착각'인 것인데, 중대재해처벌법을 이와 같이 잘못 해석한다면 정말 돌이킬 수 없는 큰 실수를 범할 수도 있다. 그래서 제대로 된 지식이 중요하고 그 지식전달의 역할을 진행할 안전 전문 강사는 제대로 된 지식을 전달함에 책임감을 가지고 교육에 임하여야 한다. 그것을 위하여 안전전문강사는 앞으로 새로이 제정될 중대재해처벌법 시행규칙과 새로이 개정이 될지도 모르는 중대재해처벌법의 시행령을 계속 연구하고 분석하고 고민하여야 할 것이다.